不和孩子较劲

刘湘梅——著

让孩子在陪伴和挑战中成长

中国妇女出版社

图书在版编目（CIP）数据

不和孩子较劲 ：让孩子在陪伴和挑战中成长 / 刘湘梅著. -- 北京 ：中国妇女出版社，2023.6
ISBN 978-7-5127-2239-2

Ⅰ.①不… Ⅱ.①刘… Ⅲ.①学前儿童－家庭教育 Ⅳ.①G781

中国版本图书馆CIP数据核字（2022）第256881号

责任编辑：张 于
封面设计：末末美书
责任印制：李志国

出版发行：中国妇女出版社
地　　址：北京市东城区史家胡同甲24号　　邮政编码：100010
电　　话：（010）65133160（发行部）　　65133161（邮购）
网　　址：www.womenbooks.cn
邮　　箱：zgfncbs@womenbooks.cn
法律顾问：北京市道可特律师事务所
经　　销：各地新华书店
印　　刷：鸿博昊天科技有限公司

开　　本：165mm×235mm　1/16
印　　张：14.5
字　　数：160千字
版　　次：2023年6月第1版　　2023年6月第1次印刷
定　　价：59.80元

如有印装错误，请与发行部联系

推荐序

湘梅的新书《不和孩子较劲：让孩子在陪伴和挑战中成长》终于要出版了，我衷心地祝贺她。

湘梅毕业于北京师范大学学前教育专业，从大学时代就浸润在学前教育领域，之后又在北京京师创智教育研发中心任主任，从事儿童早期教育研究工作，并多次参与中国教育学会重点课题，是一位有着良好专业背景的早教工作者。

认识湘梅缘于接受她的采访，那时她正担任一家母婴杂志的执行主编。在交流中，虽然主要是她听我分享自己的育孙心得，但从她的提问和与我的交谈中，我看到了她的专业素养和对教育的热爱。

《不和孩子较劲：让孩子在陪伴和挑战中成长》这本书记录了湘梅一路悉心陪伴儿子成长的真实故事，也有她对儿童早期教育的思考和感悟，不仅涉及孩子的衣食住行、学习成长、习惯养成等常见问题，还从富养精神、艺术启蒙、眼界开拓等促进孩子长远发展的角度给父母以指导。她的养育理念既很先进，有章可循，又很实用，很接"地气儿"，并在本书中有系统体现，都是我乐于看到的。

孩子的早期教育主要在家庭、在父母。幼儿园阶段是孩子的塑形阶段，这一阶段孩子将面临更多的考验和成长问题，这时候父母的陪伴和悉心引导将起到至关重要的作用。如何更好地陪伴孩子成长？我赞同湘梅提出的"做孩子的天使""让孩子成为他自己"，用正向的态度积极影响和引导孩子，在细节中对孩子进行思考能力、探索能力、独立性、解决问题能力等方面的培养，引导孩子从小具备内在成长力，更好地面对自己，更好地面对生活。同时，这本书还对父母非常关心的幼儿园时期的亲子教育、兴趣班的配合、幼小衔接等问题，从妈妈的角度进行了重新思考和解读。

相信这本书对你科学养育孩子一定有所帮助！

再版序

这本书是2018年出版的，那年我儿子13岁，今年，他已经是个成年人了。

当编辑告诉我计划再版时，我的内心只有四个字：承蒙抬爱。直到编辑问我要不要再看看文稿时，我才想到，有些内容的确需要修改一下。五年不短，这期间很多事情都不一样了，都在往前走着，回过头再看五年前的文字，怎么可能还一成不变呢？

其实我这五年线上线下讲过很多课，也接触到了更多的家长。网络时代成长起来的年轻父母，早就习惯于对信息进行辨别、筛选。有段时间因为工作的关系，我整理了20年来的各种素材，竟然发现能借鉴使用的远远低于预期。为什么呢？我想，是因为在以往信息量相对较小、信息来源较少的时代，你可能说一句“不必让3岁前的宝宝主动分享”，再写篇文章从婴幼儿的心理发展特征来阐明这个论点就可以了。但如今的家长还想要知道：然后呢？任其自由发展还是做一些引领式的教育？有哪些实用的方法？

如果接下来还是讲那些“多带孩子跟小朋友相处”“多参与集体活动”之类的片儿汤话，也就是所谓“正确的废话”，直播间里可能就会有人退场了。因为年轻的父母不仅需要“道”，更想要“术”。

“道”与“术”的平衡，是我近两年在讲座中特别留意的地方。单纯论“道”很容易，道理就是那个道理，科学就是科学，不能胡说八道，自己把知识点吃透，再深入浅出地传达出去即可。而“术”可就没那么容易了，毕竟“每个孩子是不一样的”。

回到这本书。

它是带有强烈个人色彩的，其中很多故事属于我与儿子的童年经历，不可能满足所有人对“术”的需要。在动手修改的时候，感觉有些篇目如果完全按照我现在的认知来改，那几乎要重写一篇了，而且篇幅会大大加长，读起来累。所以，我只是进行了有限的修改，增加了一些论“术”。

还有一些内容的修改来自我对某个问题的重新认识。比如书中有一节“惩罚”，原本只讲了该不该打孩子这个问题，在修改的时候，我把重点放在“除了打一顿，还有什么办法”。

在一次讲座最后的提问环节，有位妈妈问我：“你一般用什么方法惩罚孩子？”我当时就愣住了。口头批评？也就这样吧，真没用过什么法子。可现场很多家长都迫切地想要得到一些既不伤害孩子心理健康又有效的好法子。讲座结束后，我认真地研究了一通“惩罚之术”，解决自己的困惑。我真的没有惩罚过孩子吗？不打不骂，也不站墙角，我用得最多的是“结果法”——行为导致结果，不好的行为自然会有不好的结果。让孩子学会自己承担，在纠正行为的同时，他还领悟了“做人要有担当”的道理。

每一篇文章的撰写、修改，都会经历这样的反思，对文字如此，对自己的教育理念和方法亦如此。儿子 18 岁了，他的青春期撞上我的更年期，但是，我们俩都做到了情绪稳定。有人奇怪地问我：“你儿子怎么没有青春期？”什么话呀！谁会没有青春期？但不是所有的青春期都必然叛逆、拧巴，与父母对抗或者一句话不说。我的孩子当然也会有“不听话”的时候，也会因为某个事跟我们抗争，只不过从他幼年时就延续下来的解决问题的方式、与父母交流的方式，还有他一点一滴养成的情绪调控能力、独立思考精神等，使青春期变得美好起来。

在改稿的过程中，逐字阅读自己曾经的记录，我也会感慨，追溯儿子的成长，是因为在他小时候种下了那样的因，才会有今天的果。

这样的一本书，虽然做了一些修改，却依然有遗憾，如果能给予别人一点儿借鉴和启发，便是我的心愿了。

感谢中国妇女出版社对我一直以来的认可和支持，感谢读者的信任。

感谢儿子的陪伴，现在我才知道，你对我 18 年陪伴的意义远远大于我对你的。

2023 年春

于北京

第一版序

做孩子的天使

孩子是上天赐给我们的礼物，是天使，是前世注定的缘分。

我们从来都不吝把最美好的语言用在孩子身上。但是，当有一天真的成为母亲，我们才发现这个角色远不是想象中的那样，永远被慈爱、温柔、宽厚的光环包围。我们总是忍不住被焦虑、疲惫、忙碌裹挟，却又满怀歉疚。

母亲的角色究竟该如何定义？保姆、老师、朋友，还是传统意义上至高无上的“家长”？

上帝和小孩的对话

一天，小孩问上帝："他们告诉我明天你将要把我送到地球，不过为什么我在那儿会那么小和无助呢？"

上帝说："在所有的天使之中，我已经选中了一个给你，她将会等待你和照顾你。"

"不过，"小孩问，"请告诉我，在天堂，我除了歌唱和微笑之外什么都不做，这些是我快乐所需要的。在地球上谁会为我歌唱和微笑？"

上帝说："你的天使每天将会为你歌唱和微笑，你将会感受到你的天使的爱，你会感到快乐。"

"还有，"小孩又问了，"如果我不懂他们说的语言，当人们对我说话的时候我怎样才会理解呢？"

"这很简单。"上帝说，"你的天使将教会你语言中最美丽和最甜蜜的词语，带着最大的耐心和关怀，你的天使将教会你怎样说话。"

小孩抬头看着上帝说："我想和你说话的时候，我该怎么做呢？"

上帝微笑着对小孩说："你的天使会把你的双手放在一起然后教会你怎样祈祷。"

小孩说："我听说地球上有坏人，谁将会保护我呢？"

上帝把手放在小孩身上，说："你的天使将会保护你，甚至甘冒生命的危险。"

小孩看起来有些悲伤，他说："我将会一直感到悲伤，因为我再也看不到你了。"

上帝拥抱着小孩："你的天使以后会一直跟你说有关我的事情，还会教你回到我身边的方法，虽然我一直与你同在。"

在这一刻小孩在天堂感到无比的安详，不过已经可以听到从地球传来的声音。小孩有点儿急促地问："上帝啊！如果我现在将要离开，请告诉我我的天使的名字！"

上帝回答说："你的天使的名字并不那么重要，你可以简单地叫她'妈妈'。"

这是我刚刚怀孕的时候，一位朋友发给我的。

看完后我哭了。

生一个孩子原来比我想象中还要有意义。我以为，只有孩子才配被称为"天使"；我以为，像我们这类已经被称作"白骨精"的女人，这辈子与天使的称呼无缘了——即使年少时，那个时代也没人把我们比作天使。

但我的孩子将会把我看作天使，这将是我一生中获得的最高荣誉！

初为人母

在儿子出生的头一个月里，我总有一种不真实的感觉。经常看着这个小小的人儿问自己："这就是我的孩子？"

我也经常对着他束手无策，既不知道他为什么夜里不好好睡觉，也猜不出他突然间号啕大哭的理由……我一时被他整得烦躁不安，一时又被他逗得周身洋溢着幸福，正如朋友所说："这世界上终于有了一个专'制'你的人。"

经过最初的一段忙乱之后，精疲力竭的我才想起了一个词——换位思考。我的宝贝刚刚来到这个世界，与我相比，他要学习适应的东西更多更难，所以他才会喜怒无常，才会把自己过得乱七八糟。而我，就是那个牵着他的小手，帮他把一切理顺，让他学会怎样安宁快乐生活的人。

所以我开始心平气和，开始用微笑来面对他的哭闹和不能睡个安稳觉的痛苦。我相信，这一切都是暂时的，我的宝贝总有一天会长长地睡一个整觉，会亲口向我诉说他有什么难受和委屈。总有一天，他会长大成人。

孩子就是那个让母亲的心永远充满希望的人。

一年又一年

有一天，在电脑上翻看朋友的家庭相册，无意中居然看到了儿子10个月时两家一起郊游的照片。我不禁惊呼："天啊！原来他小时候是这样子！"

记得儿子还是个小宝宝时，我抱着他在楼下玩儿，旁边一个四五岁孩子的妈妈就曾满脸羡慕地对我说："多好玩儿呀，我都忘了我女儿小时候什么样了。"我很奇怪，妈妈怎么会忘了自己孩子的模样呢？

现在，我才知道，真是会忘的。

自从有了儿子，才知道什么叫光阴似箭。

儿子上幼儿园的时候，我总爱计算时间成本：每天早上7点起床，7点40左右出门，9点到公司，下午4点40接儿子，通常晚上10点之后他才能睡着。

算一算，这一天里，属于我自己的时间有几小时？这一年里，又有哪天不是和儿子一起度过的？

我的生命必然要和他绑定在一起，这是母亲的宿命。

我对儿子说："等你长大了，就要做自己的事去，就会离开妈妈。"

他眼泪汪汪又极其认真地向我"承诺"："我永远都不会离开你！我要一直一直和你在一起。"

我笑了，鼻子却有些酸。我知道，迟早会有那么一天，他会挣脱我的怀抱，自己去飞的。

所有的母亲都盼望自己的孩子将来飞得高、飞得远，却又总是不舍。那就珍惜当下吧，虽然有劳碌奔波，但这绝不是生活的全部。

有一次，儿子特别"有本事"，居然把我气哭了。然后他自己也被吓到了，虽还在剧烈地抽泣着，却抽出一张纸巾递给我，嘴里不住地说着："对不起！对不起！"这下被惊住的是我，原来，他也是心疼我的！那么，我为他付出的那些时间成本，又算得了什么呢？

一年又一年，时间就在这样的日子里匆匆流过，快得让我们都来不及好好记下孩子曾经的样子。我只能预见，在某一个新年到来时，猛然间抬头才发现，我的儿子已经是个大小伙子了。

母亲的胸怀

记不清是哪一届奥运会了，应该是一场女子短跑决赛。亚军获得者痛苦地抱头蹲在地上，好像一时半会儿还接受不了失败的现实。就在那一刻，原本已经开始欢庆胜利的冠军做出了令全世界动容的举动：她跑回去，拉起亚军，带着她一起跑向观众。那位亚军的脸上渐渐也洋溢出笑容。解说员只有一句话："我们知道，她（冠军）刚刚做了母亲。"

看奥黛丽·赫本的传记片，看到晚年的她在非洲，怀抱着骨瘦如柴、身上爬满苍蝇的婴儿，嘴里喃喃地说："为什么要让孩子承受这些？"这降落人间的天使，用一颗母亲的心，温暖着在战火和灾难中挣扎的孩子。

天地有多宽，母亲的胸怀就有多宽。

2017 年冬

于北京

目 录

CONTENTS

第一章 | PART 1

上幼儿园，准备好了吗

上幼儿园，对于孩子，乃至整个家庭，都是一个重大事件。为什么非要让这么小的孩子离开 24 小时温暖的家，开始真正意义上的社会化生活呢？

第二章 | PART 2

优质陪伴给孩子

孩子的成长，经常让我们猝不及防，却又是顺理成章。错过就错过，不可能重来一次。在整个过程中我们无法预知，下一刻他会带给我们怎样的惊喜，制造一些什么样的烦恼。

第三章 | PART 3

成长的挑战

成长原本就不可能一帆风顺，要不然怎么会有“成长的烦恼”？但这个“烦恼”大多是指孩子带给父母的“烦恼”。那么，孩子自身就没有烦恼了吗？当然会有，因为很多时候是需要跟自己、跟环境去较劲的。

第四章 | PART 4

爱上学习的起跑点

孩子天生具有主动学习的欲望和能力。在他们的眼里，学习是无目的的，是有无限的可能性的，是可以以自己的方式加以探索和控制的。

第一章

PART

1

上幼儿园，准备好了吗

上幼儿园，对于孩子，乃至整个家庭，都是一个重大事件。为什么非要让这么小的孩子离开24小时温暖的家，开始真正意义上的社会化生活呢?

1978年，75位诺贝尔奖获得者在巴黎聚会。

有个记者问其中一位：“在您的一生里，您认为最重要的东西是在哪所大学、哪所实验室里学到的呢？”

这位白发苍苍的诺贝尔奖获得者平静地回答：“是在幼儿园。在幼儿园里，我学会了很多很多。比如，把自己的东西分一半给小伙伴们，不是自己的东西不要拿，东西要放整齐，饭前要洗手，午饭后要休息，做了错事要表示歉意，学习要多思考、要仔细观察大自然。我认为，我学到的全部东西就是这些。”

既然如此，就让我们和孩子一起，愉快地开始幼儿园生活吧。

◇ 宝贝，不怕

儿子很小的时候就被贴了个“胆小”的标签。有人要抱他，他一定不肯，还会大哭；在外面参加活动，别的小朋友都奋力往台上冲，他却是打死也不会上台的；被人抢走了手上的玩具、食物，他也不会再抢回来……

一个胆小孩子该具备的“素质”，他是不是已经都有了？因此，当我决定他刚过两岁就送去上幼儿园时，遭到了全家人的反对。老人的理由是：“他这么胆小，到幼儿园一定会被人欺负的！”我笑了：“他3岁再上，别的孩子难道就不会欺负他了？”

其实，我一直理解不了这种“欺负与被欺负”的意义，怎么就叫被欺负了呢？胆小就注定被欺负吗？何况，我压根儿就不认为我的儿子是个胆小鬼！他只是一个行为处事非常谨慎的孩子，而我们很容易就将“胆小”与“谨慎”混为一谈。

谨慎≠胆小

我不用担心儿子会贸然行动，因为他与“鲁莽”这个词几乎无缘。他总是先观察，在确定没有危险之后才出手。这也成为我敢于放手让他去探索各种事物的原因之一，我只需提前告诉他，做这件事的危险是什么，他要当心什么就可以了。再加上他本身运动能力比较强，只要睁着眼睛就在“折腾”，也并未受过什么伤。

如果非要说谨慎就是胆小，那么，胆小是不是也有好处？看到电视里有拐卖儿童的新闻，一到公共场所，儿子就会自觉地牵着我的手，即使我的手被大包小包占上，他也会牵着我的衣服，总之，他不会让自己离开妈妈。坐在飞机上，他会提醒我系好安全带，所有跟安全相关的规则他都会一一遵守。

这样的“胆小”，恰恰印证了他是一个天性比较敏感的孩子，对新事物、新环境观察得比较细致，但接纳新事物、适应新环境的速度也相对要慢一些。可是，这样能够使孩子采取更安全、更慎重和更有益的方式协调他与外界之间的关系。

刚上幼儿园的时候，老师说：“你儿子从不会大哭大闹，也不爱说话，但眼睛一刻也没闲着，可有心眼儿呢。”开始老师还以为他是个非常内向、不善言辞的孩子，让我们引导他开朗一些。我说：“等他适应了您再看，他属于慢热型。”果然，不出一个月，他适应了幼儿园的生活，确信这是一个安全的地方，知道在这个环境里该如何行为处事，便“原形毕露”，不仅变得活跃起来，还成了个小“话痨”。

虽然胆小不一定是天生的，但谨慎的性格却有先天成分。所以，对待这样的孩子需要父母来引导，否则，他就真的“胆小”了！

在儿子上幼儿园之前，家人总是认为他胆小，并且把这种焦虑、担心直接在他面前表达出来，这样的心理暗示是最容易影响到孩子的，他很自觉地就把自己归到胆小那一类里去了。而且，这种影响如果没有引起重视，及时引导，将会长时间地延续下去，最后成为孩子身上的一个标签。我清楚地记得，儿子都四五岁了，有些事不敢做还理直气壮地给自己找理由：“我就是胆小嘛！”

好在幼儿园积极欢快的集体生活使他有了很大的改观。他喜欢跟小朋友玩，交了几个好朋友，每天放学都要一起玩一会儿。在这一群男孩子里，总有胆大的。有几个男孩子从一米高的台子上跳下来，只有我儿子是爬下来的——当然，他的个子也比较矮。但他也想尝试，几天之后，便跟着往下跳了。因为他用这几天的观察验证，跳下去的小朋友没有一个受伤的，而跟他个头差不多的小朋友也能跳。

所以，当我们感觉到孩子有些胆小时，先不要着急，也不要说“人家都敢，怎么就你不敢”之类的话，而应该给孩子时间，让他自己去观察、去适应、去调整。这样的孩子一定要确认做一件事的危险系数。父母就应该事先告知，与他一起分析，让孩子说出他的担心，再帮他想一个避免危险的办法。经历的事情多了，孩子就会更有自信，知道很多事情都不会有太大危险，逐渐摆脱畏惧心理，胆子也就慢慢大起来了。随着年龄增长，谨慎发展成为稳重，基本已经没人说他胆小了。

害怕≠胆小

孩子成长过程中，会怕生人、怕黑、怕打雷闪电……这些都是不可避免的。有位妈妈说，她儿子性格开朗活泼，胆子也很大，可是自从回老家看到村里的大黄狗后，突然变得特别胆小，一看到狗，他就一边说“不怕不怕”，一边使劲往后缩。更让人想不通的是，他还开始害怕水。从小喜欢玩水的他，到了泳池死活不肯下水。孩子怎么突然变得这么胆小呢？

可能很多孩子都出现过类似的情况，突然间开始怕某样东西，甚至提都不能提。

父母不要纠结于“害怕”“胆小”这些表象，懂得怕了，恰恰说明孩子在成长。随着智力的发展和记忆力的增强，孩子开始知道某些东西可能给自己带来危险，胆小是一种自我保护的反应。当认知和各方面能力发展到一定阶段，孩子能够客观地认识这一事物，或者有能力面对、处理与之相关的情况，就会慢慢摆脱恐惧，不再胆小了。

面对孩子的害怕，我们可以向他解释：“老家大黄狗很凶是因为它要帮着爷爷守门，对它不认识的人才会凶。我们小区的小狗就不太凶了，只要不去摸它们，远远地看，它们不会咬人的。”并且给他做示范，带着他远远地看小狗。孩子发现这样确实没有危险，他的恐惧会小很多。

以前敢做的事，现在不敢做了，是因为孩子懂得了这件事的危险性。比如孩子开始怕水，可能是他在电视里看到了有人溺水的新闻。

所以，孩子说害怕的时候，是真的害怕！那就不要勉强孩子，先让他看到，游泳池里的其他小朋友没有任何危险；然后让他坐在池边，把脚伸到水里玩玩；最后再让他在浅水区玩耍……经过一段时间，孩子就能克服对水的恐惧了。

千万不要看到孩子害怕就批评他胆小，要求他勇敢。想想我们自己害怕的时候是什么感受吧！那会是一种很强的心理压力，严重的时候你一定有过喘不过气、哆嗦、手脚冰凉等生理体验。为什么孩子害怕的时候就必须勇敢呢？害怕又不是犯错，它只是一种正常的心理反应。害怕的时候，他需要父母的帮助，而不是嘲笑或者蔑视，甚至批评。那样只会让他觉得害怕是不对的，但他又实在无法让自己不害怕，原本的恐惧心理又增添了更多的焦虑。

当孩子胆小的时候我们该怎么做呢？

要让他把害怕的事说出来，小一点儿的孩子说不出来，还需要父母来“猜”——最近看了什么？做了什么？然后和他一一印证。找到了害怕的根源，最好别说：“这有什么可怕的呀！”而是表现出充分的理解和同情，拉着他的小手，把他搂在怀里，帮助他分析，破解这个可怕的“家伙”。最后，我们要想办法帮孩子克服恐惧——

把恐惧转化成快乐，用快乐想象法来对付恐惧。既然怪物是想象出来的，那么我们就用想象赋予怪物一些特别的东西，来取代原来那个可怕的形象。比如，想象那个可怕的怪物，穿上一条小红点内裤，扭着屁股跳舞的样子！孩子通常一听到这个，就开始乐不可支了——欢乐、大笑，正是对付恐惧的力量。

安慰物法也能起到一定作用。孩子会想象出一些妖魔鬼怪，那就给他战胜鬼怪的“武器”。给他一只小喷壶，告诉他对着怪物一喷，它就会消失；给他一只小哨子，怪物来了就吹，把它吓跑；在孩子的门上贴一张写有“怪物禁止入内”的纸条；在靠近床的地方摆上一个超级英雄的玩偶。有了这些“武器”，孩子就会有一定的安全感，觉得自己是有办法对付怪物的。更有趣的做法是跟孩子一起编他想象出的故事，让孩子变成故事里的超级英雄。

大人以为小丑表演会是孩子们的最爱，可其实那张夸张的脸，在孩子眼中并不见得可爱，尤其是第一次、年龄还比较小的时候见到，甚至可以说是一张扭曲变形的脸，充满了恐怖色彩。2008 年，英国谢菲尔德大学进行了一次对 250 名儿童的问卷调查，结果显示，大多数孩子不喜欢甚至害怕小丑，认为他们不仅样子很吓人，而且让人无法理解。

研究发现，完全熟悉和完全陌生的物品都不会让实验的动物感到害怕，但中等陌生程度的物品则会激起动物的恐惧，因为熟悉意味着安全，而完全陌生的事物因为不了解反而不被关注。但中等程度的陌生，既可能被识别又与以往的经验不同，最容易引发恐惧心理。就好比小丑，孩子能意识到他是一个人，但又是一个与正常人不同的人，这超出了孩子的认知范围，由不得不害怕了。

儿子在一个聚会上第一次见到小丑就躲得远远的，这时候跟他说一百遍“那是个叔叔，不用怕”还不如用积极联结法。我带他到一个他认可的能保持安全的距离，但能让他看到小丑在给小朋友们表演、发气球，这些都是小孩子喜欢的事，他就没那么害怕了。他逐渐开始接纳这个小丑，还跟我说：“他是男的。”最后，我们用真相打败恐惧——我跟扮演小丑的演员商量好，允许儿子看他脱下和穿上小丑的装扮。

而对于打针、牙医这样的恐惧，跟孩子一起做医生看病的扮演游戏，阅读《鳄鱼怕怕　牙医怕怕》这样充满智慧和幽默的绘本，都会让孩子逐渐了解和熟悉这些生活经验。

确实想不出太好的办法，那就要让孩子感觉到，无论发生什么，爸爸妈妈都会和他一起面对。

◇ 孩子，咱们聊聊幼儿园吧

每天把孩子从幼儿园接出来，你跟他说的第一句话是什么？

“今天过得怎么样呀？”

“吃饱了吗？今天的饭好吃吗？”

“想妈妈吗？”

“有没有小朋友欺负你？”

“老师有没有表扬你？”

……

好多好多问题，不停地问，恨不得把孩子在幼儿园里这一天的事都了解到。可不是嘛，心肝宝贝一整天都处于“失联”状态，父母以前事必躬亲，现在却插不上手了，哪能不牵挂、不惦念呢？

可是，孩子好像并不理解父母的这种心情，要么答非所问，要么干脆不答，让父母那颗不踏实的心更加焦虑。

别把你的关心变成孩子的压力

父母一心想从孩子嘴里“套”出他在幼儿园的“情报”，孩子却未必配合，尤其是刚刚入园的孩子。除了语言表达能力有限，其实这个阶段的孩子很怕父母过分关注幼儿园。

无论之前做了多么充足的准备，对于孩子来说，幼儿园依然是一个需要他去适应的新环境。“在家里待得好好的，为什么一定要上幼儿园呢？”孩子内心会有这样的疑问，甚至怀疑。

“爸爸妈妈是不是从此就把我放在幼儿园了？”孩子此刻最需要的是寻求安全感。每天回到家里，家里的一切都没有变，爸爸妈妈对他的爱、生活的节奏，都没有变，这样他才能感觉到安全。

可父母总是问幼儿园的情况，孩子就会觉得：“爸爸妈妈是不是更喜欢我待在幼儿园里？否则为什么这样关注幼儿园呢！”所以，对于刚入园的孩子，能不问他幼儿园的情况就不问，每天接回家，一切照旧，孩子心里才会慢慢踏实下来，逐步适应新生活。

同时，家长提问过多，其实传递给孩子的是一种焦虑的情绪——好像你并不放心把他放在幼儿园。孩子对于父母的情绪是很敏感的，很容易就揣摩出来。父母焦虑，他也会跟着不安，会更加哭闹，不愿意上幼儿园了。

这个年龄段的孩子，还处于秩序的敏感期，非常害怕生活秩序被打乱，而上幼儿园是不得不打乱的情况，会让孩子不安。如果想了解孩子的在园情况，首先要给孩子重新建立安全感，而不要着急询问。如果他在幼儿园很不适应，老师自然会跟家长交流，而老师没有特别找家长谈话，那就说明孩子情况正常。即使孩子说“明天不上幼儿园”，也是正常的反应，不必过于焦虑，让孩子感觉家里的一切生活秩序都没有改变就好。

直接问不如多点儿“套路”

孩子上了一段时间幼儿园之后，逐渐适应，可能就愿意跟父母聊聊幼儿园了。即便如此，张嘴就问：“你今天在幼儿园过得怎么样？”一个三四岁的孩子也许真的不知道该怎么回答。跟小孩子对话一定要简单具体，太笼统的提问会把孩子问蒙的。但如果问他午饭吃的什么，他可能还是答不出来，因为到下午就真的忘了！并不是因为他记忆力不好，而是这个年龄孩子的记忆特点就是如此。其实很多幼儿园的食谱都贴在外面，看到了之后记住，再问孩子：“今天吃排骨了？跟妈妈做的比起来哪个好吃呀？”就可能问出孩子对幼儿园饭菜是不是喜爱，吃得好不好。

还有一些更复杂的情况，比如老师对孩子的态度，是问不出来的，但可以通过孩子的游戏、行为、语言感受到。

儿子有段时间特别喜欢玩“老师教学生”的游戏，自然他是老师，爸爸妈妈是学生。妈妈很乖，“老师”指哪个字，就老老实实地念哪个字；爸爸太淘气，故意念错。“老师”讲完课，还要板着小面孔一本正经地总结：“今天我真的要表扬妈妈了！表现特别好！”然后，顿一顿，拉下脸来：“我要点名批评爸爸，太不认真了！”

这不就是重现他在幼儿园上课的情景吗？完全复制了老师的语言、语态。

当心被孩子“套路”了

大人总认为，只有孩子亲口回馈给我们的信息才是第一手资料，才是最真实可信的，因为孩子可不会瞎编，说的都是实话。那你可能小看了孩子，他们是很聪明的，为了达到自己的小目的，有时动的小脑筋，让大人都始料未及。

儿子上幼儿园之前吃饭总要让人喂。因为种种原因，在这方面的训练做得不太好，原本指望着上幼儿园后慢慢就学会自己吃饭了，可每每问他：“今天的饭是自己吃的吗？”他都会回答：“老师喂的。”

我就又问老师，老师说，刚入园的小朋友基本都是自己吃一半，老师喂一半，因为冬天怕孩子吃冷饭，喂得会稍多一些。了解情况后，我对儿子换了个问法：“今天自己吃了一半，老师才喂的吧？”他的回答非常肯定：“全是老师喂的。”有时还会补充一句：“自己吃不好。”我就以为，他可能还是能力有限，需要继续训练。

元旦前幼儿园开联欢会，有一个环节是小朋友比赛喂小兔，就是用勺子把大芸豆舀进纸盒做的小兔子嘴里，看哪一组在一分钟内喂的豆子最多。比赛结果是儿子那一组取得了胜利。我一直看着他的表现，结论是，他不仅完全掌握了用勺子的技能，而且掌握得很好。

用不锈钢制的勺子舀芸豆，豆子很容易滑出来，这事多多少少也需要点儿技巧。而且那一组小朋友做着做着就开始瞎胡闹，儿子却最认真，后面基本上是他一个人在做，一勺能舀三四个大芸豆。

既然做游戏能获胜，吃饭就应该不在话下了。可这小家伙坚持说自己“吃不好”，一定另有隐情。回家的路上我“套”他的话，毕竟还是小孩子，很快就招了：“就不自己吃，让妈妈喂！”

看来，不是能力达不到，而是心理上不愿意做。天天“套”他在园的情况，却不小心被他“套路”了。斗智斗勇的日子，父母不要仅听孩子的一面之词，更要多观察、多了解。

跟孩子聊幼儿园的事，有备而来是最好的。现在，很多幼儿园都安装有父母可以同步观看的视频设备，父母可以做到心中有数地跟孩子聊天。但最好不要让孩子感觉到，他时刻处于父母的“监控”下。同时，我们要尽量给孩子传递正能量，问他“今天跟哪个小朋友玩得很开心”一定比“谁又欺负你了”更能让孩子变得阳光向上。

◇ 提升孩子在幼儿园的人气

希望自己的孩子在幼儿园里过得顺利、收获自信，是很多父母的愿望。大家都是从学生时代走过来的，都能理解这一点。受关注的孩子在很多方面机会多，自信心自然就会增强，也就更喜欢上幼儿园，这是一个良性循环。而要提升孩子在幼儿园的人气，家长与幼儿园的配合起着非常重要的作用。

勤汇报，多沟通

家长最好经常向老师汇报孩子的进步，或者又掌握了哪些新本领。

儿子从小就很喜欢车，大街上跑的车都叫得出来品牌。刚入园没多久，我把他这个“本事”跟老师说了以后，老师经常会“考”他。

教室窗外停着一辆车，老师就喊："熊壮壮，快过来看这是什么车？"小朋友们都跟着过来看，他就特别得意。老师还给他做宣传，连看门的大爷都知道他认识很多车，无意中，他就成了幼儿园里的"知名"人物。

儿子在家里"篡改"儿歌歌词，《两只老虎》整首儿歌没剩下什么。我觉得特别好玩儿，就当个笑话给老师讲了。结果，那天好多其他班的老师都跑到他们班，让他唱改过的《两只老虎》，小家伙别提多臭美了！

生活中哪有那么多的重大事件，我们跟老师交流最多的，也不过是这些琐碎的日常。最了解孩子的人只可能是父母，老师毕竟只跟孩子在幼儿园相处，还要同时照顾那么多孩子，让老师更全面地了解孩子，就看父母怎么说、怎么做了。

积极有效地配合

老师每天又忙又辛苦，不一定把每件事都交代得很清楚。有一次周五接孩子时，看到教室门口贴着一张通知，请小朋友下周带两三个水果来，教学活动要用。我就多问了一句："什么教学活动？"老师说，是"认识秋天"。于是，我就给儿子带了柿子、橘子等有秋天特色的水果，老师收到之后特别高兴。

还有一次让带些废旧纸盒、塑料瓶什么的，我还真是精挑细选了几个在形状上比较有特色又结实的，方便老师变废为宝，做成各种教具。

幼儿园的玩具很丰富，但刚入园的时候，为了帮助儿子尽快适应环境，我就和老师商量，从家里拿了几辆小汽车放进他们班里，几个男孩子果然爱不释手。有小汽车玩，注意力转移，就不哭着找妈妈了。

我们家还有许多幼儿杂志，儿子看完了，堆在那里也占地方。幼儿园虽然也有很多杂志、书籍，但毕竟有限，我征得老师的同意之后，就都送到幼儿园。儿子自豪地说："小朋友看我的书了！"我趁机赶紧说："这样多好啊！好东西就是要拿出来跟小朋友一起分享的。"即使他还不能完全懂得"分享"的意义，但应该能够体会到，"分享"是一件让人快乐的事。

少一些计较

有一次，幼儿园动员孩子们捐书，每人捐一两本就行，而礼物只是一小瓶饮料。星期天，我就和儿子一起，把他不看的书整理出好多本，第二天捐了出去。那天，捐书的每个小朋友都得到了饮料，儿子胸前还有一个"爱心小天使"的贴画，一看就是老师自己做的。后来我才知道，他们班其实只有几个孩子捐了书，活动搞得并不是很成功，很多家长觉得那瓶饮料可有可无。但我相信对孩子来说，这是一次爱的教育，"捐献"不是为了获取回报，而是献出自己的爱心。

幼儿园有很多这样的活动，但更多需要父母来做主、来执行，你的决定将直接影响到孩子在幼儿园的“人气”。

还有一次，儿子回家的路上嚷嚷屁股疼，问他怎么了，说是乐乐咬的。我听着就起疑——小朋友怎么能咬到他屁股上呢？回家一看，果然小屁股上有一块青印，但确实不像咬的。再问他，说得有鼻子有眼：“乐乐咬的，睡觉的时候咬的。壮壮哭了，老师批评乐乐，哄壮壮了。”再问怎么批评、怎么哄的，孩子就顾左右而言他。

第二天，我跟老师提这件事，并声明在先，不是为了追究到底有没有这回事，而是想了解儿子说的是不是事实，因为他这个年龄的孩子经常会出现想象性说谎，我只是想验证一下自己的判断。老师笑了，说他平时都会离乐乐远远的，因为他第一天上幼儿园就被乐乐掐了。然后，我们俩又就这个话题聊了半天，对彼此的教育理念有了更多的认识。我发现，从这以后，老师经常主动跟我聊天，儿子当然也就跟着“沾光”了。

现在回想起来，儿子在幼儿园的几年真是快乐的童年。一进幼儿园，全园的老师几乎都能叫出他的名字。他自己也张口闭口就是“我的幼儿园”，一副很自豪的样子。他真心热爱幼儿园，并且感觉很快乐。

◇ 面对孩子的情绪，你是哪种父母

一到夏天，可能是天气燥热的缘故，大人孩子的情绪都容易不稳定，个个火气冲天的。我们小区平台上就整天上演亲子之间的“战斗”。我儿子也是，一碰就急，一点就着。而我呢，每每跟他发生冲突后就后悔——其实没必要催他，我干吗非要在大庭广众之下冲他大呼小叫呢？可我好像很难控制自己，尤其是在烈日下。有时候我会问自己：在面对孩子的情绪时，我究竟是什么样的妈妈呢？理智型的？情绪化的？

父母对孩子的情绪处理大致有三类，一是不理不睬型，二是单纯回应型，三是情绪辅导型。

不理不睬型父母

不理睬孩子负面的感情是许多父母采取的态度。

有一位妈妈，当儿子弄坏了最喜欢的玩具车后，她对于自己无法安慰儿子而感到迷惑和烦恼。如果无法将这小玩意儿修好，她就不知如何去帮助孩子处理悲伤。她只感觉到要做出补救，但没有感觉到孩子所需要的是慰藉和了解。

这些父母在面对孩子的负面情绪时，通常会有如下表现。

1. 淡化孩子的情绪

这类父母可能将孩子所有悲伤和愤怒的表现看作难以达成的要求。于是他们用不理睬或淡化的反应来对待孩子的苦恼，尝试将问题缩小简化，再置于一旁让它被忘记。他们觉得淡化或不重视孩子情绪的做法是正当的，因为孩子“只不过是孩子”罢了，弄坏玩具是小事一桩，跟大人的忧虑，比如工作压力、离婚、经济拮据等问题相比，微不足道。

但这并不代表这样的父母不关心孩子。他们只是以为负面的情绪多少都是有害的，所以想尽办法转移孩子的负面感受，比如尝试逗笑一个伤心的孩子，或者取笑一个生气的孩子，让他忘记愤怒或忧伤。孩子或许能够感受父母的温情与关切，不过父母却错过了帮助孩子认清自己的情绪，并处理情绪的机会，反而会让孩子感觉到，他的愤怒或伤心并不重要，最好把它压抑在心底。

2. 曲解孩子的情绪

还有一类父母，一旦孩子出现负面情绪，就批评孩子，将注意力放在孩子发泄情绪的行为上而不是尝试去了解他们的情绪。比如，一个小女孩愤怒时摔东西，她的妈妈可能因为这种讨厌、大胆的表现揍她一顿，但并没有探究使女儿生气的原因。一位爸爸可能因为儿子在睡觉前有哭闹的坏习惯而责骂他，却从来没有注意孩子的眼泪与对黑暗的恐惧两者之间的关联。

很多父母都认为，孩子的眼泪是一种可操控的形式，一种引起他人注意的手段。用成人世界的眼光看待孩子，孩子的情绪会受到扭曲和误解。

3. 害怕面对孩子的情绪

一些父母害怕孩子情绪激动的状况，因为他们害怕失去对情绪的掌控。与一个顽皮的孩子对立，这些父母感觉自己显露出连他们本身也毫无信心的情绪和行为。他们可能觉得由于孩子使自己生气，所以惩罚孩子是合理的。

4. 要孩子坚强

还有一些父母认为，孩子宣泄情绪时应该责骂或处罚他们，好让他们“变得更坚强”。表现恐惧或忧伤的孩子最容易被这样对待，父母要让孩子学会不要成为“胆小鬼”。

为了造就坚强的孩子，父母惩罚经常表现出恐惧或悲伤的孩子。但是孩子从没有机会去体验自己的情绪并有效地处理情绪，长大后面对生命的挑战是毫无准备的。

单纯回应型父母

这类父母不论孩子表达何种感情，都无条件热切地包容，对孩子充满同理心，也让孩子知道不管怎样，他们所经历的，对父母而言，都是值得同情和谅解的。问题是，父母似乎常常能力不足或不愿意去教导孩子如何处理负面的情绪。

这类父母对于孩子的感觉抱有一种“不予干涉”的哲学，他们通常会有如下表现。

1. 缺乏处理情绪的技巧

父母似乎不太懂得如何帮助孩子在情绪经验中学习，他们不教导孩子去解决问题，而且许多人在规范孩子的行为时感到无从下手，甚至纵容孩子表达不适当或无约束的情绪。比如，让一个愤怒的孩子变得有侵略性，用言语或行动来伤害别人；让一个伤心的孩子尽情地哭闹，却不知如何来安抚和慰藉自己。

虽然父母可以接纳这种负面的情绪表达，但对没有多少人生经验的孩子而言，很可能感到恐慌，像进入一个痛苦的情绪黑洞，却又不知道如何逃离。

2. 使孩子出现社交困难

如果大人的指导不多，孩子没有学会怎样调整自己的情绪，当他们生气、伤心或不安时，通常都缺乏使自己平静的能力，也就很难集中注意力去做事。他们可能在结交和拥有朋友时会遭遇困难。孩子不会调整自己的情绪，对于友谊的形成，以及与其他孩子的相处，都会有困难。

情绪辅导型父母

这类父母能够接纳孩子的负面情绪，进一步规范孩子宣泄情绪时不适当行为的限度，并教导孩子如何调整他们的情绪，寻找合适的发泄渠道，以解决问题。

我们都应该努力做这样的父母。

1. 提高警觉性

父母应该把对孩子情绪表达的了解看作父母与孩子共享同样价值观的象征。朋友的儿子七八岁了，看到电视里的悲剧场景也会眼泪汪汪，对此，妈妈的反应是喜悦："我很高兴，因为这样我才知道他有爱心，除了自己以外，还会关心其他人和其他的事情。"

在孩子的负面情绪里有很多重要的信息，所以当孩子愤怒、伤心或害怕时，我们应该表现出更多的耐心，花时间与哭闹或焦虑的孩子相处，倾听他们的烦恼，具备同理心，允许他们发泄愤怒，或单纯地大哭一场。

2. 勇于流露情绪

如果孩子表现出可能伤害自己或别人的行为时，我们很可能会立即阻止这些冒犯的行为，并重新引导孩子发展较为无害的活动或表达的方式。我们不应回避情绪激烈的状况，为了引导孩子学习调整自己的情绪，这类经验是必须有的。

我们应该看重生命中情绪的力量和用途，也不害怕在孩子面前表现自己的情绪。伤心时能够在孩子面前哭泣，发脾气并告诉孩子生气的原因。大部分时候，如果我们自己能以建设性的方式表现愤怒、悲伤和恐惧，便能够以身作则。父母情绪的表现可以告诉孩子许许多多处理情感的方法。

3. 敢于向孩子道歉

我们说出或做出伤害孩子的事情，会道歉吗？比如，我们经常在大声斥责孩子后懊悔，那么，就勇敢地向孩子说对不起，并从这件事中吸取教训。这样，一件伤感情的事就可能成为另一个促进亲子关系的机会——尤其当父母愿意告诉孩子自己当时的感觉，并谈论以后会如何处理类似的状况时。这让父母再一次向孩子展示如何对付不安感，如内疚、懊悔或忧伤的办法。

4. 规范孩子的行为

当孩子需要宣泄情绪时，为他们立下行为规范，对于适当的行为和不适当的行为给出明确和一致的指导。比如，可以大喊几声，但不可以摔东西；可以哭，但不可以不吃不喝。

情绪辅导配合建设性的惩罚也有很好的作用，惩罚会让孩子清楚不当行为的后果。一个了解规范并明白犯规后果的孩子，通常不太可能出现行为问题。

5. 促进亲子关系

从亲子关系的层面来看，如果父母不反对孩子表达情绪，就会减少摩擦，使亲子间有更强的情感结合力，因此孩子对于父母的要求也更容易有反应。孩子视父母为知己和盟友，就不愿意做使父母失望的事。

让孩子明显地意识到父母了解他，对他有同理心，并且深切地关心他生活里的一举一动，他也没有必要为了感受父母的关怀而采取行动吸引注意力。

一个自己情绪被父母重视的孩子，长大后不但能更明了自己的情绪，而且对别人的情绪变化也会很敏感。知己知彼，有利于社会关系的建立，并建设自身和谐的人际关系。

如果孩子在年幼时，情绪经常被疏导，那么，他自我安慰的技巧就会很熟练，而且在压力下可以保持镇静，比较不会有行为上的问题，同时也比较容易从烦恼的情况中恢复。

因此，只有正视孩子的情绪，与孩子一起经历悲喜，才会对孩子的成长有正面的影响。

◇ 孩子受欺负了怎么办

儿子上幼儿园第一天，就遭遇“野蛮女友”袭击，而且当时还是家长陪同下的半日入园阶段。也就是说，一切就发生在我眼皮底下，防不胜防。

儿子原本和那个小姑娘在“娃娃家”玩得好好的，突然小姑娘掐了一把儿子的小胳膊，他大哭起来。我赶紧把他抱过来，居然都掐破了！周围其他家长也吓坏了，怎么会有这么狠的孩子！老师立刻找来棉签给儿子的伤口消毒，并且解释着，有的家长会主动说自己孩子的问题，有的家长则会隐瞒，他们并不了解这个小姑娘会掐人。如果在没有这么多家长在的情况下，老师就会看得比较紧一些。

我很理解老师的心情，小姑娘的奶奶也忙着道歉，但我心情很不好，觉得孩子真倒霉，上幼儿园第一天就受伤。回家一直小心翼翼地瞒着老人，因为他们最担心的就是孙子在幼儿园里被人欺负。

这恐怕也是绝大多数老人的担心。

在幼儿园，孩子间免不了闹矛盾，出现被咬伤、抓伤的情况，尤其是小班的孩子，并不能有效控制自己的情绪，也不会准确地表达自己的想法。他们要花上几年的时间学会分享、合作、规则，到大班阶段才初步懂得谦让。

小不点儿不吃眼前亏

孩子上了幼儿园，就开始了真正意义上的社会化生存，什么样的人都可能碰到，他必须学会与各种人打交道。我不教儿子“打回去”，一方面是希望他明白，暴力手段很多时候不仅不能解决问题，还有可能使问题升级；另一方面也确实是因为他身量小，以武力抗衡的话一定会吃亏。好汉不吃眼前亏，最好的办法就是躲着那个小姑娘，别跟她玩儿。

但是，小孩子之间的冲突是不可避免的，如果真的被打了，该怎么办呢？我告诉孩子，一定要大声地、坚定地跟对方说：“不许打我！”“你打疼我了！我很生气，你要是再打我一下的话，我就去告诉老师！”让对方明确地知道，你不喜欢他这样的行为。不还手，并不等于畏惧；不以拳头回应，但是要用态度和语言震慑住对方，让他不敢再有进一步的行动。同时，也要让孩子知道，这种情况是有必要“告老师”的，这是自护，不是懦弱的表现。

大块头有大智慧

有一个美国男孩，一出生块头就比别人大好多。从小妈妈就告诉他：“你不可以动手打人，因为你的力气太大，一出手就会伤到别人。”这是个很有自制力的孩子，他真的从不出手。但有些孩子偏偏就爱挑衅，总是反过来欺负这个大块头。男孩记着妈妈的话，也不还手，但心里很不平。他去问爸爸怎么做才能不挨打。爸爸说：“你想想，除了还手，还有什么办法能够显示你的力量。”

之后，又有两个孩子欺负这个男孩，他依然没有还手，却用两只手轻而易举地把这两个孩子压在了地上。当然，老师还是让双方各自做了检讨。可这件事之后，再也没有人敢向男孩挑衅了。

这个男孩就是“飞人”乔丹。

乔丹的父母不告诉孩子“别人打你你就打他”“不能主动去打别人”之类的话，而是让孩子自己动脑筋，想办法解决问题。

我们小时候，家里兄弟姐妹一大把，经常会听到有人说：“你再敢打我，我就叫我哥来！”而这招往往很管用。现在的孩子，即使没有兄弟姐妹，但他们的小脑袋瓜更好使，也会想出更多的办法来面对别人的挑衅。

分清欺负与被欺负

有的孩子大大咧咧，被小朋友打一下、碰一下都无所谓，或者最多瞪两眼就过去了，但是有的孩子却对肢体碰撞很敏感。我儿子就属于第二种，总是为这个问题纠结。我用了很长的一段时间来帮他区分：什么情况是别人故意伤害他，什么情况是无意的。

我们在家里做了很多模拟游戏，比如，我非要“玩”他的玩具，他不给，我就抢，抢不过呢，自然是动手“打”他一巴掌，这就是故意打人。而当我搬个东西从他身边过，踩了他一脚，但这是无意的，可以跟我说：“你踩了我，我很疼。”如果我道歉了，他也就没必要不依不饶。

当孩子在游戏规则、角色分配或资源共享方面产生争执，却没有能力协调解决，最终选择动用武力时，往往是父母干预的最佳时机。

不能因为孩子伤心哭泣就草率地认为是受欺负了。先引导孩子说清楚事件的过程，再询问孩子的真实意愿是什么，处理起来才能“对症下药”。有时候，孩子或许只是自己感觉不如意而落泪，稍加安慰与鼓励，孩子的情绪就能迅速好转。

安抚受欺负的孩子

无论我们怎样保护，孩子有时也免不了真的受欺负，父母要做的第一件事就是无条件地安慰和帮助，切忌雪上加霜地批评或责备。千万不要抱怨：“你怎么这样笨呢！谁都能欺负你啊！”“你就不会去抢回来！”孩子的心里已经很难受了，被打、被欺负对他来说是一个很大的挫败，如果从父母这里没有得到安慰和支持，孩子就会觉得自己是不是真的很无能啊。所以，当孩子受了欺负后，一定不要再给孩子更大的压力，而是要多跟他沟通，让孩子在一次挫败中获取成长的经验，往更成熟的方向发展。

有时候，幼儿园里有小朋友打架了、发生纠纷了，就跟孩子一起聊聊这件事。他们两个怎么打起来的呀？可能就是因为一件小事双方意见不统一，两个人说着说着就急了，一方动了手，另一方还手，然后老师来了，不仅挨了批评，还有可能请家长。这下问题可升级了，如果他们两个只是拌拌嘴，或者用一种更好的方式来协商解决，而不是直接动拳头的话，那这件事情可能根本就不会发展成这样。通过实例让孩子意识到暴力并非解决问题的唯一方法，甚至会有反作用。

孩子年龄小、沟通能力有限，一言不合就可能动手。父母其实更应该关注的是孩子为什么打起来了，而不是立即定性“欺负”与“被欺负”。有没有想过，总是担心孩子“被欺负”，经常问他“有没有人欺负你”，反倒是在强化孩子的弱者心态呢？

让小孩子自己直接去解决冲突难度还是很大的——如果他们自己能解决的话，可能就不动手了。跟别人打起来，对于孩子来说是一种危机，却也是父母引导孩子学会面对危机、处理危机的时机。认识到更多的是要动用自己的头脑而不是动用拳头来解决问题，能让孩子感到自己的强大，所谓“兵不血刃”，才是上上策。这种成就感会让孩子更自信，更能感受到自己的强大。

◇ 如果孩子把幼儿园的东西拿回家

妈妈把彬彬接回家，帮他脱大衣的时候，发现衣袋里有个硬硬的东西，拿出来一看，是个小小的玩具车。这不是家里的玩具，妈妈问彬彬是哪来的，彬彬回答说："是幼儿园的。""你怎么把幼儿园的玩具拿回家了！"妈妈一听就急了，这可不是好行为，一定要严加管教。

"幼儿园的玩具不是你的，不能拿，你懂不懂？"彬彬被妈妈严厉的态度吓坏了，他不明白，妈妈为什么生这么大气，委屈地哭了起来。

在妈妈的潜意识里，一定有个字若隐若现，只是她没有勇气直接说出来，那就是"偷"。

很多家长在经历类似"事件"时，都有过这样的心理反应。其实，这真是小题大做了。我们不妨从孩子的角度出发，看看他们为什么要把幼儿园的东西拿回家，然后，再根据不同情况有针对性地解决问题。

原因1：无意行为——分不清“自己的”与“别人的”

对于三四岁的孩子来说，某件东西是属于“自己的”还是“别人的”，界限并不清晰。他们很多时候只是单纯地喜欢这件东西，而将它放入囊中，就像从路上捡回一个小瓶盖一样。对于喜欢的玩具，孩子可能是在幼儿园里没玩够；或者一直想玩，但被别的小朋友“占”着；或者想“独霸”这个玩具，只能他自己玩。

总之，这个年龄段的孩子还不具备有意“偷拿”的意识和能力，把幼儿园的东西拿回家，大多是无意行为，因此，父母也大可不必“上纲上线”，对孩子严厉斥责。

积极对待法

● 明确地告诉孩子，这样做不好。这个东西是幼儿园的，它的“家”在幼儿园。幼儿园的东西是给所有小朋友一起玩、一起用的，而不是只给他一个人的。如果家里有类似的东西，拿出来给孩子看，让他更直观地明白，哪个是自己的，哪个是幼儿园的。

● 让孩子懂得，想要别人的东西，必须经过别人同意。平时就要有意识地培养这种待人接物的方式，比如与孩子游戏，需要用他的某个玩具或用具时，可以问孩子：“妈妈用一下你的蓝色蜡笔，行吗？”

● 第二天和孩子一起把东西还给幼儿园老师，或者让孩子主动送它“回家”，并与老师沟通。如果老师先鼓励孩子知错就改的行为，再教育他以后不能再把幼儿园的东西拿回家，是最好的处理方式。

原因 2：有意行为——自我控制能力差

五六岁的孩子把幼儿园东西拿回家，很多情况下，就属于有意行为了。这个年龄的孩子应该已经有了“物权”的概念，知道拿集体或别人的东西不对，但他们会“明知故犯”，因为喜爱某件东西，却很难控制自己的意念和行为，而将其拿回了家。而且，因为是有意的，所以拿回家的东西通常会被藏起来，不易被发现。

对于这种情况，父母除了培养孩子提高自控能力，明确未经允许不能拿幼儿园的东西之外，还要采取相应措施，帮助、教育孩子。

积极对待法

● 当第一次发现孩子把幼儿园的东西拿回家时，千万不要打骂孩子，但要严肃对待，并采取正面教育的方式，让孩子认识到自己的错误，并改正错误。

● 如果孩子把东西送回幼儿园，以后连续几天不再拿东西回家，还可以给予表扬或奖励。对孩子正当的物质需求，应尽可能给予满足，以防止孩子因为从家里得不到，而“惦记”幼儿园或别人的东西。

● 经常检查孩子的衣袋、书包里是否有来历不明的小东西，发现后要及时问清楚。如果是在接孩子的时候发现的，当时就可以还给老师。

● 如果孩子经常把幼儿园的东西拿回家，就要与老师沟通，观察孩子行为的动机和规律性，帮助孩子改掉这个毛病。比如有的孩子只是看到大人或电视上有人经常顺手牵羊，孩子的行为可能就是模仿，教育起来也就会容易些。

无论孩子是因为以上哪种原因而把幼儿园的东西拿回家，父母在处理这件事时，还有两点必须注意——

1. 询问时的态度

● 避免造成“审问”的局面。这样会给孩子非常大的心理压力，有时甚至会迫使孩子说谎，让本来简单的事情复杂化。

● 父母不要想当然地跟孩子讲，自己认为是怎么怎么回事，而只是让孩子回答是与否，应该鼓励孩子把自己的真实想法说出来。

● 如果孩子迟迟不开口，就更不能心急，要有足够的耐心等待孩子的回答，因为这是孩子在整理自己的思路或者进行思想斗争的过程。

2. 与老师的沟通

● 如果孩子的行为是无意的，可以淡化这件事，不必当成一件很严重的事跟老师认真地讨论处理办法。

● 如果因为担心老师知道后对孩子态度不好而刻意隐瞒，孩子极有可能会把第二件、第三件东西带回家。

◇ 别让孩子在“催”中长大

我弟弟是出了名的慢性子，小时候，他的慢经常把我折磨得崩溃。如果哪天早上我不幸比他起得晚，那就真的“悲剧”了。上厕所要等他、洗漱要等他，每当我看到他用比我慢一倍以上的速度从暖壶往脸盆里倒水时，都恨不得一把夺过来替他倒。爸爸妈妈总是批评他磨蹭——在那一代家长眼里，孩子的任何不对好像都是刻意而为的。可我当时就看出来，他不是不想快，是真的不会快。

我们一家跟弟弟着了二十多年的急，父母几乎断定他这辈子不会有什么出息，能混口饭吃就不错了。万幸的是，他选对了职业——建筑设计，需要的就是细致、不急不躁，一点点地抠细节。他干得乐在其中，自然也容易出成绩。

所以，当现在有家长向我咨询，怎么让孩子不磨蹭，我都会先问他们孩子的其他表现，如果孩子天生就是个慢性子，还真不是那么容易就能“快”起来的。

当然，并不是所有磨蹭的孩子都是真正的慢性子。可是，为什么孩子会磨蹭呢？孩子有自己的生活节奏，只是这个节奏往往不与成人世界里的时间标准相吻合。

你越“催”，他越“磨”

似乎只有在孩子学走路的那个阶段，我们才表现出极大的耐心。没有人催促他们赶紧站起来，快点儿走过来，而总是鼓励他们慢慢来。但当他们学会了走路，我们又总是希望他们走得快些、再快些，好跟上我们的步伐。

“快！快点儿！”是不是成了你的口头禅？可是，这样的催促无疑会打乱孩子的节奏，而且在催的同时，你也会越来越急躁，直至不可控制。因为大多数情况下，你越催，孩子越磨蹭，就好像故意跟你作对似的。

事实上，他真有可能在跟你对着干！

这不难理解，换个人在你耳边催呀催的，你的心情会如何？当我们说“快点快点”的时候，面部表情一定是不耐烦的，对父母情绪相当敏感的孩子，一眼就能看穿。通常，我们都是自己先着急了，才会催孩子，传递出来的情绪就是紧张和焦虑。而且，对于孩子的慢，很多父母也没有更有效的方法，只会用语言来催，自然也就催生了孩子的逆反心理——你急我也急，但不是动作，而是情绪；或者你急你的，我慢我的，消极抵抗。

是时候让孩子体验一下磨蹭的后果了。

有一种孩子会抓紧一切时间来玩，他们有本事把所有事都跟玩联系起来，一玩就忘乎所以，哪还管什么时间。

小爽酷爱玩水。饭前洗手，往往全家人都坐在餐桌前了，半天还不见他从卫生间出来。他洗手很认真、很投入，充分享受水流过手掌每个部位的感觉，一根根小手指慢慢搓。大人进去一看，他已经玩得袖子都湿了。而这边，饭也快凉了。于是，天天催，甚至妈妈直接上手帮他洗。直到有一天，爸爸发话："让他自己洗！我们不等他，该吃就吃。"于是，那天小爽只吃到剩菜，还没吃饱，没有享受到每餐全家人围着他挑肉夹菜的热忱。这次之后，小爽洗手的速度有了提高，哪次忍不住又磨蹭起来，爸爸妈妈一句"不等你了"就能见效，他知道，他们说得出做得到。

所以，面对一个磨蹭的孩子，"催"不是办法，它只会让父母显得无能为力，对症下药才是正道。

给"小磨蹭"提速

我们习惯于给"小磨蹭"下个统一的定义，其实，"小磨蹭"们各有各的"磨"法，所以，改变他们磨蹭的策略也应因人而异。

“磨法”提速一：培养时间观念

3岁前的孩子真的是“不知天上宫阙，今夕是何年”。你跟他着急：“6点了，再玩就别吃晚饭！”他会很是困惑，6点意味着什么？怎么就和晚饭联系上了？

3岁前还没有建立起时间观念，分不清年、月、日和具体的时间。但是他们习惯于有规律的生活，懂得每天吃过早饭之后可以到外面玩；玩够了就回家吃午餐，然后睡午觉；奶奶做晚饭的时候，妈妈就要回来了；晚上洗澡、妈妈讲故事，然后就该睡觉了。所以说，从孩子一出生就让他过有规律的生活，便是最初的时间观念的培养。

不必一定让孩子知道几点该做什么事，当孩子提出一些要求时，可以告诉他“吃过午饭”“等爸爸回来”或“午睡之后”等，来作为时间的观念传达给他。因为这样他立刻能听懂，而且会耐心地等到应诺的时间，有准备地去做某件事。随着孩子的成长，对时间有了更深的认识和理解，再把生活和钟表、时刻联系起来，孩子会更容易接受。

所谓时间观念，并不只是让孩子知道几点几分这么简单，时间观念的含义是要科学地安排时间，合理利用时间，控制时间，还要讲究效率。

“磨法”提速二：专注地做事

有些孩子很容易被更“好玩儿”的事吸引走。他们太爱玩，也太聪明，做事的时候往往眼观六路、耳听八方，哪里有风吹草动，立刻就能捕捉到。所以，他们做事的时候需要一个相对安静的环境，不要有过多的干扰。这样的孩子需要给他们规定时间，比如用 10 分钟看一本书、画一张画，时间太长，他们就容易转移注意力，变得拖拖拉拉起来。

另外，“比比谁更快”这样的游戏，对这种孩子通常比较奏效，因为他们并不是天生的慢性子，相反，却有可能是急脾气，并且动作灵活，真“比”起速度来，可是不在话下。

“磨法”提速三：提高自理能力

有位妈妈让我帮她“诊治”一下她的磨蹭女儿。女儿从小被姥姥“伺候”得太周到，好多事都不会做，需要从头开始进行自理能力的训练，才能提高做事的效率。因此，从几个月开始就要让孩子学习自己抱奶瓶喝奶，两三岁开始慢慢训练自己穿衣服、鞋子、袜子，自己收拾玩具，或者帮着做些力所能及的家务，等等。多为孩子提供自己动手的机会，就能提高其生活自理能力。

孩子学习各种自理能力的时候，会有一个从笨拙到熟练的过程，他们的动作能力也还处于发展状态，不可能一步到位。有些性急的父母便忍不住亲自上手“帮忙”，这可就前功尽弃了。

在这个浮躁的、人人都着急忙慌又不知道急什么的年代，有多少父母能够不再时时催促，允许孩子以他自己的节奏成长呢？

◇ 不要和陌生人说话

有一次去幼儿园接儿子，看到一个别的班的小女孩走出来，特别可爱，我就忍不住上前逗逗她。没想到小女孩立刻换上一副特别严肃的表情，对我说："我妈妈说了，不许和陌生人说话！"然后狠狠瞥了我一眼，走了，留下一头雾水的我独自凌乱。

挺可笑，也挺可爱的，但这样的安全教育有效吗？单纯地教育三四岁的孩子，不要跟陌生人说话，当她遇到陌生人的时候，竟然大声地向陌生人宣布出来，是不是有点儿出乎意料？如果我真是一个坏人，可能还会觉得这个孩子如此坦白，应该属于很好骗的那一类吧！

在对孩子进行安全自护教育的时候，家长最常见的一句话就是"不要跟陌生人说话"。这句话有错吗？看似没有，但对于认知能力和社会经验有限的孩子来说，它太笼统、太抽象，或者说它是个理念，而非实操技能，幼儿是很难理解一个理念的。

陌生人≠坏人

不认识的人都可以称为“陌生人”，不跟陌生人说话，就是教孩子拒绝一切不认识的人。可是，并不是所有陌生人都是坏人呀！

我还目睹过比我更尴尬的情景。

也是一个阿姨觉得小朋友特别可爱，就去逗孩子，孩子应该也是感应到了阿姨对他的喜爱，没有立刻跑开。突然，奶奶冲了过来，大声说着：“我不是叫你不要跟陌生人说话嘛！”然后大义凛然地拉着孩子走了。

这样教育有多可怕！这就等于告诉孩子，这个世界被“坏人”占领了，处处有危险，人人需防范，有人向你示好，转身就可能把你卖了！那么，这个孩子除了父母家人还会信任谁？他的内心充满了不安全感，在未来的生活中，他会有交心的朋友、可以托付真心的爱人吗？

也许奶奶想不到这么远，她只要在当下保护好这个小生命；也许她认为什么都没有安全重要，“信任”这话题太玄、太不实际。然而，她可能不知道，很多针对儿童的犯罪恰恰是发生在熟人之中。

这是一种教育的偏差，从小就怀揣“总有刁民想害朕”的心理，怎么快乐阳光地长大？我们要告诉孩子，什么样的陌生人是危险的，什么样的陌生人是他可以信任、可以去求助的。

识别危险的陌生人

“不和陌生人说话”不可一概而论，首先要让孩子能区分出对他来说安全和不安全的人。父母、家人、老师，这些日常照料和关注他的人，是安全的人，跟这些人在一起的时候，有不认识的人来打招呼，跟人交谈也是相对安全的。而当孩子独自一人时，如果有陌生人给他吃的、玩具，或者要带他去哪里玩，直接抱他，触摸他身体的重要部位，就一定要坚定、大声地拒绝。

孩子一般看到长得比较凶的、看起来不太正常的人，比如，神情怪异的精神病患、衣衫褴褛的乞丐等，会本能地害怕、跑开，但坏人的脸上绝对不可能贴着“坏人”两个字，他们大多是看起来很正常的人，所以要教会孩子根据人的行为来识别危险分子，而不是外貌。

求助可信赖的陌生人

警察

有一种传承几代人的育儿“金句”——“再淘气就叫警察把你带走！”“警察来了，别闹了！”仔细想想，非常不合适。

用保护人民生命安全的警察来吓唬小孩子，那还教他遇到危险打110干吗？警察的形象在孩子心目中变得混乱矛盾，一旦“怕警察”的意识占了上风，当遇到危险时，他可能就不敢找警察求助了。

工作人员

我们要告诉孩子，在遇到危险的时候可以去寻求谁的帮助，除了警察，还有工作人员。带孩子去超市、游乐场，就指给他看，穿一样衣服的人、佩戴统一标识的人、从事某个工种的人，比如保安、收银员等。和孩子一起观察他们的共同点，孩子会随着社会经验的丰富，学会自己去识别这些人。

应对陌生人“实战演习”

对孩子进行自护教育，光凭说教是没有用的，让他有危险找警察，可警察真的在他面前，他也有可能语无伦次。但孩子都爱玩角色扮演游戏，父母可以经常创设一些小情境，扮演坏人、警察，也可以与孩子互换角色，让他通过“实战演习”，知道在什么情况下该怎么办，说什么话。比如，在商场里找不到妈妈了，不能随便跟人说“我丢了”，而是跟导购、保安说，当然，也要记住爸爸妈妈的名字、电话等；当有人主动表示要带你找妈妈，不要跟着走，借他的手机给妈妈或警察打电话，这些都要通过“演习”才能习得。

“演习”还有一个目的，让孩子学会大声呼救。很多孩子在危险的时候完全被吓坏了，根本喊不出来，可能就失去了求救的最佳时机。所以要让孩子“学习”，当他们感到害怕或者觉得自己身处危险之中时，可以尽可能地吵闹——摔东西、尖叫都没问题。如果有陌生人试图强迫他们或者制服他们，可以大喊：“救命！我不认识你！”

或者“救命！他不是我爸爸！”

孩子不可能生活在真空中，但我们的生活还是充满阳光的，在做这些游戏，跟孩子一起看有关安全的绘本、故事时，多跟孩子讨论，鼓励他们动脑筋思考。同时，父母也不要有过多的关于孩子安全的顾虑和担心，以积极、乐观、平静的态度教导孩子，让孩子在轻松愉快的气氛中，了解如何保护自己，孩子的内心也会是阳光灿烂的。

◇ 和孩子谈谈“性”

儿子的小班教室在幼儿园一楼，每天把他送进教室，都会从他们班卫生间的窗前经过。有时，我会站一会儿，看着他自己小便、洗手、喝水。他也会很得意地向我展示他在幼儿园是多么能干，所有事情都会自己做。

有一次，我又往窗内看，却看到了意想不到的一幕：我的宝贝儿子，刚刚小便完，正和另一个同样没提起裤子的小女孩在互相“观察研究”。两个小家伙一本正经地交流着：“你是女孩，所以那样。”“为什么呢？”我差点儿笑出声，但没有打扰他们，赶紧溜走了。

那天晚上接他回家，我没有提这事。我觉得，这种事只要他不主动说，就没必要追究，那样反倒挑起他的好奇心。无论如何，作为父母，都是从心理上比较怕提及“性”这件事的。

通常两岁左右的孩子就会对自己和他人的性别进行辨别，逐渐建立起性别概念，并且通过日常生活或行为表现出来，比如，男孩会喜欢汽车，喜欢扮警察；女孩则爱玩布娃娃，扮医生。他们开始了解男性、女性在社会中应该扮演的角色和承担的责任，这也算是一种“性游戏”。

3 ~ 4 岁的孩子会向父母提出一些有关性的问题，在玩弄生殖器时会有安静而又舒适的表现。

5 ~ 6 岁的孩子会亲近同龄异性并彼此玩“性游戏”，如果异性伙伴疏远自己则有不愉快的反应。

父母在每一个阶段都会有些担心，这些会不会对孩子的心理产生负面影响呢？

从心理学的角度分析，对于孩子来说，这些“性游戏”并不会带来多么大的身心伤害，反而有利于日后性心理健康发展。其实，对于孩子来说，重要的不是和伙伴的游戏，而是父母对待游戏的态度。

“自娱式”性游戏

有的小男孩闲来无事便不由自主地玩自己的小鸡鸡；而有的小女孩可能会夹紧两腿，反复擦动，同时，两眼瞪得圆圆的，眼光发直，两颊通红，全身出汗，即出现“夹腿综合征”。这是两种最常见的儿童“自娱式”性游戏。

孩子小的时候偶尔玩玩小鸡鸡，父母大都一笑置之，但正是这种笑有可能鼓励了孩子的行为。最初，孩子只是把小鸡鸡当作身体的一部分，就好像手、脚一样，抓一下没有什么特别的。但如果他发现大人对他的这个部位或他的动作表现出特别的表情、情绪，这就有意提醒了他——这是一个特殊的部位。孩子有时为了引起大人关注，或者博得大人一笑，也会时不时玩玩自己的小鸡鸡。

但是，等到孩子稍大一些，到了三四岁，还经常玩小鸡鸡，通常又会受到父母的呵斥："没羞！""不许摸！"孩子就会莫名其妙，大人的态度怎么变了？同样，这更加深了一个印象，那就是：这确实是一个特殊的部位。

如果小女孩发生了"夹腿综合征"，或是抚弄自己的性器官，父母的反应通常会更为激烈。这么小就对"性"感兴趣，甚至出现自慰行为，做父母的能不着急吗？

儿时的夹腿和成人的性欲是两码事。孩子可以接受来自外界的性信息或性刺激，却不能真正从内心深处理解和意识。性器官的功能，在儿童期是潜伏存在的。孩子在日常活动中偶尔获得的性刺激，比如骑在凳上来回蹭，有时可以诱发性器官的这种功能，有的孩子便时常这样蹭一蹭。

当父母发现孩子的"自娱式"性游戏，严厉制止大多未必见效，反而会引起孩子更大的好奇，激起他们的逆反心理。其实，对于孩子来说，最好从以下两方面入手——

1. 避免诱因

● 尽量不给孩子穿开裆裤，避免孩子很“顺手”地摸到外生殖器。

● 不给孩子穿紧身衣裤，保持外生殖器的清洁。局部发痒，孩子会摩擦，有可能形成习惯性动作。

● 及时治疗孩子的蛲虫、外阴湿疹等疾病，这些病都会导致外生殖器发痒。

● 养成按时睡觉、醒来后不赖床的良好生活习惯。多数孩子的“自娱式”性游戏是在临睡前或刚醒时发生的。

● 大人不要过分关注孩子的生殖器，或者经常拿小鸡鸡当话题逗孩子。

2. 转移注意

● 发现孩子摸小鸡鸡时，给他一个玩具或其他令他感兴趣的东西，把他的小手“占”上。

● 发现孩子夹腿时，对孩子说些有趣的事，或建议玩一个游戏，同时不经意地轻轻将其两腿分开。

● 避免孩子经常感觉无聊，丰富孩子的生活，多去户外活动，保证有足够的玩具等。

● 给予孩子充分的爱抚和关注，营造和谐的家庭氛围，避免因心理因素而导致孩子无聊、缺乏安全感。

- 避免让孩子感觉到父母对他的“自娱”行为非常关注，甚至是焦虑、紧张。

“互动式”性游戏

关于幼儿园男女生同厕的讨论一直存在，不过，这倒是可以减少孩子对异性身体过分好奇的现象。因为每个男孩、每个女孩都是这样，这是自然形成的，也就不足为怪了。孩子都是天真无邪的，在生命的起初阶段，他们即使发现了男女之间的差别，也不会有什么不健康的想法。

有一天，儿子突然对我说：“妈妈，你知道吗？男孩和女孩不一样。因为男孩都是用小鸡鸡尿尿，女孩没有，她们用屁屁尿尿。”我笑了，轻描淡写地回答了一声“是的”，便接着和他做游戏。

对于一个 3 岁孩子来说，这就够了。他发现了男孩和女孩不一样，自己找出了“原因”，然后很坦然地发表了看法，这便是一颗“赤子之心”。

有些四五岁的孩子喜欢玩“扮医生”的游戏，每个参与者都以“合法的游戏规则”检查或观看其他小伙伴的生殖器。其实这种游戏，只是满足了孩子对异性身体的好奇心而已。

如果父母看到孩子的“互动式”性游戏，直接干涉，使孩子觉得自己做了很坏的事，就会对孩子今后性心理的发展产生消极影响，他们有可能认为性是罪恶的。但这种游戏也具备一些危险性，如弄破女孩的处女膜等，因此，父母还是应从两方面入手——

1. 正向引导

- 丰富孩子的生活，培养孩子的爱好，将其注意力吸引或转移到他更感兴趣的活动上。

- 切忌大惊小怪、严厉责罚，或给孩子过重的羞耻感，以免导致孩子产生更强烈的好奇心和逆反心理。

- 不要让孩子看不适合他们的影视节目，不让孩子到成人才能去的一些娱乐场所。

- 对孩子的性问题，给予简单、明确的回答即可，躲躲闪闪，只会使孩子感到更神秘，从而加重他的好奇心。

- 为孩子准备几本有关身体、出生、生长发育等内容的书籍，也可以带孩子参观博物馆等，使孩子从小就能以正确的态度看待性问题。

- 利用孩子如厕、洗澡、穿脱衣服等机会，直接告诉他人体器官的名称等，告诉他男女性别的差异，使孩子轻松自然地接受性知识。

2. 安全教育

- 让孩子养成每天清洗外生殖器的习惯，勤换内衣内裤，同时告诉他，性器官像其他器官一样有它的作用，也是洁净的。

● 给孩子穿脱衣服、洗澡时可以讲解，人体都有隐秘的部位，具体给孩子指出来，哪些部位不能给别人看或者摸。

● 教导孩子尊重别人的身体，不应随便看或摸别人的身体。

● 和孩子一起探讨，什么情况下可以让父母、老师或者医生碰自己的身体，比如体检、穿脱衣服、大小便擦屁屁时，而其他人是在任何情况下也不允许的。

第二章

PART

2

优质陪伴给孩子

人们常说的一句话：陪伴是最长情的告白。父母能够给予孩子最大的爱，就是陪伴。

孩子的成长，经常让我们猝不及防，却又是顺理成章。错过就错过，不可能重来一次。在整个过程中我们无法预知，下一刻他会带给我们怎样的惊喜，制造一些什么样的烦恼。

成长本身是快乐的，陪伴成长也是一种快乐。

看到孩子甜甜的笑，我们还会念念不忘生育的痛吗？听孩子绘声绘色地编故事，我们还会耿耿于怀被他气哭的那次小风波吗？无论我们曾经多么担心、多么忧虑、多么纠结，孩子终归会长大。

大仲马说过，人类的一切智慧是包含在四个字里面的："等待"和"希望"。这就是孩子成长对于父母的意义。

陪伴并不是要我们把全部的时间都给孩子，而是在陪伴的时刻，我们是全情投入地与孩子共同成长。

◇ 让亲子时间更有“质量”

每个在职场打拼的妈妈可能都是没有周末，没有节假日，甚至没有白天黑夜的，养育孩子是一场马拉松式的竞赛，不可以停歇。每天离开家时，看到孩子不舍的眼神，心里充满内疚；下班回来力一听到家里人汇报孩子有什么问题，又免不了着急上火，本想晚上好好地陪他玩玩，却忍不住冲他大发雷霆……

职场妈妈的时间永远不够用，恨不得有分身术，毕竟换个更自由的工作或者干脆做全职妈妈的可能性都不太大，那么，怎样有效地利用时间就非常重要了。

把内疚放两旁

蓉蓉是个淘气的小女生，活泼好动，运动能力甚至超过同龄的男孩，脾气也大，爱发火。蓉蓉妈在银行工作，每天早出晚归，只有晚上的两三个小时能与女儿相处。每每看到女儿对自己的那股亲热劲儿，心里就很不是滋味，多希望能 24 小时地陪着女儿啊！她也知道，女儿的淘气、坏脾气是不可能指望保姆来纠正的，但每天就这么点儿亲子相处的时间，还用来批评孩子，她怎么也不忍心。

蓉蓉妈总是对孩子心怀愧疚，认为自己不能百分之百地投入精力和时间来抚养孩子，就是最大的亏欠。在这种心态的影响下，因为“不忍心”而“不作为”，导致她对孩子教育的放松。

有太多终日在内疚中纠结的妈妈，在这样的情绪下，只能陷入一种恶性循环，对孩子要么加倍溺爱，要么严厉苛求，然后再自责。想要做好事，首先不要背上思想包袱，养育孩子也是这个道理。所以，像蓉蓉妈这样忙碌的职业女性，一定要在心理上放下包袱，轻装上阵。当孩子出现问题时，不是只有批评这一个办法能够解决，正面的引导更重要，比如，培养蓉蓉的户外运动专长，发挥她的长项，有正经的运动可做，她就没有精力再去捣蛋了；对她心平气和地讲话，通过故事、绘本教给她疏导自己情绪的方法，都可以慢慢改变她的小脾气。

妈妈不是全能型

小琪妈精明能干，也相当好强，下班回到家，不仅小琪的事全包了，家务也是跟姥姥抢着干。她想，自己累点儿无妨，可老人一个人带孩子，忙了一天，不能晚上还要做那么多事。而且，小琪一整天都见不着妈妈，也确实需要妈妈的关爱呀！可是，这样为小琪、为家人着想，换来的却是小琪跟自己的哭闹和纠缠，这孩子怎么越大越黏妈妈了呢？

从表面看，小琪妈是把业余时间都“贡献”给了孩子，但她太“全能”了，恨不得所有事都一人包揽，所以每件事都有可能做得不到位，或者顾此失彼，或者在匆匆忙忙中完成。小琪不能安安心心地跟妈妈在一起，自然有不安定的感觉，也就更要黏住妈妈。

其实，没必要要求自己做“全能”妈妈。职场妈妈最重要的是懂得“抓大放小”，明白对于妈妈这个角色来说，什么是最重要的。在宝贵的时间里进行亲子交流和阅读，做亲子游戏，给孩子洗澡，这些最好由妈妈来完成。而洗衣服、做饭、打理日常琐事，别的家庭成员也许做得更好，那就让他们去做好了。要让孩子知道，妈妈就是那个每天能跟她说说“心里话”，和她一起疯、一起玩的人，而做这些晚间“功课”，几个小时就够了。

别把负面情绪带回家

茜茜妈在公司里和同事差点儿吵起来，气得她真想大哭一场。不过，一想到回家马上就可以看到女儿那可爱的小模样，她还是觉得很安慰。到了家，本来陪女儿玩得好好的，可是，因为没理解小家伙的意思，女儿一下子就生气了，把玩具娃娃扔在地上，还故意用脚踩了一下。茜茜妈气不打一处来，大叫："你这是干什么?！你真气死我了！"然后使劲拍打着沙发。茜茜吓着了，大哭起来。妈妈知道自己有些失控，可没办法，要不那么吼，说不定还会把茜茜暴打一顿。事后，妈妈抱着茜茜哄，心里又后悔又生气，真想找个没人的地方大吼几声。

作为职场妈妈，要面对各种各样的人，在工作中、生活中难免会与这些人发生磕磕碰碰，不管你多有理，有时候不容你分辩，有时候你无法解释，打不能打，骂不能骂，甚至嚷嚷几句都不行，一肚子的气可怎么消？把负面情绪带回家里，就是茜茜妈这样的情形。茜茜并没有犯太大的错，如果换在平常妈妈心平气和的时候，安抚几句，就不会有后来失控的行为发生。

如何排解负面情绪，对妈妈来说是很重要的。如果不把这些负面情绪释放出来，不仅对工作、生活都有影响，更糟糕的是，它会"传染"给孩子，亲子之间都带着"气"，怎么可能愉快呢？妈妈情绪不佳的时候，不妨暂时"逃避"，去逛街、做美容、找朋友聊天……一个晚上没有陪孩子，不会有太大的损失，但若把负面情绪带回家，就有可能几天家里都不得安宁。而如果你觉得还能够控制自己的情绪，只是有些低落，也可以直接跟孩子说明："妈妈今天很累（或者心情不好），少讲一个故事行吗？"孩子就有可能不再缠着你闹，还会反过来安慰你。即使孩子现在还小，做不到，但应该让孩子懂得，妈妈也会累，也会烦，从而让他逐渐学会体谅他人，关心他人。

陪伴孩子要专心

成成的变形金刚装不好，找妈妈帮忙，妈妈弄了一会儿就开始接电话，一打十来分钟。成成等得不耐烦，不停地“骚扰”妈妈，妈妈只好一边打电话，一边回应他。好不容易放下电话，陪成成做游戏也总是走神，不是把玩具搭错，就是没听清成成跟她说了什么。临睡前讲故事，妈妈讲得很快，还不断催促成成快睡。因为，她还有一个文件没有完成，明天早上要交。成成可不答应，说好的每天晚上讲三个故事，一个也不能少！

24 小时的陪伴，如果心不在焉，那么可能都抵不上 10 分钟的用心投入。陪孩子玩时要专心，哪怕只有 10 分钟，只要一心一意陪他玩，投入他的世界里，孩子就会很满足。而心里想着其他事，嘴里应付敷衍着孩子，即使陪孩子 1 小时，孩子也不会满意，反而认为你忽视了他。

要保证和孩子在一起的时候全神贯注地投入，用心陪伴才是有质量的亲子时间。条件允许的话可以跟上司说明，晚上不接工作电话；尽量不把工作带回家，如果一定要晚上加班，那么，抽出一两个小时来专心地陪伴孩子不为过吧？只要能充分利用这一点儿时间，陪孩子游戏、讲故事，让他感受到与妈妈在一起就是最快乐的时光，有说不完的新鲜事，你就是一个称职的妈妈。

◇ 高质量“陪玩”，好好跟孩子做游戏

有的父母说，不知道和孩子在一起做什么最好？当然是做游戏喽。研究表明，父母每天保证和孩子有 30 分钟的游戏时间，不仅有助于孩子学会、练习并掌握所有发展领域的能力，而且对孩子建立健康的情绪、积极的态度、自信的心态也有明显的作用。

孩子的成长离不开游戏，一个身心健康的孩子，是玩着长大的。蒙台梭利说，孩子的工作就是游戏，学习知识、练习生活技能，都是通过游戏来完成的。既然玩的意义如此重大，那么，怎样才能玩好，就是父母要考虑的了。

很多父母虽然知道亲子游戏的诸多益处，却总是苦于抽不出时间陪孩子玩，或者不知道跟孩子在一起怎么做游戏。美国教育家杜威说“生活即教育”，亲子游戏同样也可以融入生活的点点滴滴中，影子游戏、手指游戏、给孩子洗澡时玩玩水……随时随地都可以进行。

陪孩子玩，就是父母的功课。有位妈妈曾问我："我每天都跟孩子在一起，也跟他一起玩，可我怎么觉得那么没意思、那么无聊呢？"可能很多父母都有这样的小烦恼：搭上时间，付出耐心，和孩子"厮混"，却又觉得好像意义不大，或者感觉在浪费时间，自己没得到多少乐趣，孩子还不一定领情呢！他会觉得，爸爸妈妈也就是在旁边看我玩而已，甚至只是看手机、电脑，并没有跟他一起玩，多无聊啊！

其实，亲子双方需要的都是高质量的"陪玩"。

参与到孩子的游戏中

很多人带孩子，是孩子玩自己的，爸爸妈妈在旁边看着，或者叮嘱几句："小心点儿，别摔着了。""要不要喝口水啊？"……这样的陪伴者，可有可无。但是，如果父母能够参与到孩子的游戏当中去，可能就会发现很多不一样的地方。比如，跟孩子一起搭建城堡，带孩子在海边一起踏浪、捡贝壳……孩子会觉得，爸爸妈妈真的是在跟我一起玩！他对游戏的兴趣就会增加很多。所以，父母首先要自己身心愉悦地参与到孩子的游戏中去，而不是作为一个旁观者存在。

可是，孩子玩的那些游戏，却不一定能让父母提起兴趣。有的小男孩喜欢观察蚂蚁，用半天时间蹲在地上，看一只小蚂蚁是怎么从洞里爬出来，又怎么搬了一个东西回家。在旁边陪着的妈妈脚都要蹲麻了，他还不肯起来。

蚂蚁真的那么无聊吗？我们小时候是不是干过更无聊的事？不妨想一想，我们为什么要花时间和精力去陪孩子呢？不就是想跟他更亲近，想让他在游戏中获得我们想让他获得的东西吗？

父母首先要理解孩子的游戏。

记得有一次去我的老师——学前教育专家梁志燊家，她跟我提到一件事："前几天碰到个家长，说他们家孩子就喜欢把抽屉打开，把里面的东西全扔出来，再把抽屉关上。你要是不理他，他就这样能反反复复玩老半天。这个妈妈问我怎么办。我说，这是孩子在研究、在学习。他要搞清楚，抽屉开与关会发生什么变化，东西扔出来了，抽屉又会是个什么样。他还可能就是在练习扔、开、关这几个动作。这就是孩子自主的学习能力。"

原来，"无聊"的游戏中蕴藏着大"学问"啊！

陪孩子玩，重要的不是玩什么、怎么玩，而是父母要有一颗玩心，才能和孩子一起投入地游戏。千万别让孩子感觉到父母在应付他。在游戏中，父母是孩子最重要的玩伴。让孩子享受他喜欢的游戏，不施加压力强迫孩子在游戏中达到某个目标，只要玩得开心就足够。专心看待孩子的游戏，积极参与，这游戏才玩得有意思、有意义。

玩想玩的游戏

有时父母会忘了，究竟谁是游戏的主导者。肯定是孩子啊！

有的父母参与到游戏当中之后，就会有很多自己的想法，首先是玩什么。热衷运动的爸爸，对各种球类运动都很感兴趣，玩得也不错，就会兴致勃勃地建议孩子："咱们打球吧。"但孩子未必喜欢打球。而且和小一点儿的孩子打球的情形，跟爸爸想象中父子打球的美好情景完全是不同画风，自然玩不到一起了。不如给孩子一个适合他用的小皮球，或者让他有机会看到爸爸在球场上的英姿，他就有可能模仿爸爸，主动来拉着爸爸跟他一起"打球"，没准儿这就是父子共同的兴趣爱好的萌芽。

还有的父母会给孩子规定玩什么，比如，妈妈想培养孩子手眼协调能力，就会带着孩子玩串珠子，小女孩可能会很喜欢串手链什么的，可小男孩就未必喜欢。那就用一种变通的方法，培养手眼协调能力的游戏有很多，为什么非要串珠子呢？妈妈建议几个游戏，跟孩子商量，他喜欢什么就玩什么。让孩子做他喜欢做的事，还有妈妈陪着一起做，才会达到更好的教育目标。

好好做游戏

有的父母说："我家孩子不喜欢我跟他玩。"如果是这样的话，我们就要反思，是不是把自己当成了游戏的主人，是不是在游戏中总是指挥孩子，这个应该这么玩，那个应该那么玩，忘了孩子才是游戏的主导者。

即使在做游戏的时候，也要给孩子尝试的机会，因为孩子是在通过游戏学习各种各样的技能。我们跟孩子一起玩“过家家”，可能因为已经有了固定的思维，而去指挥孩子，某些东西就得放在厨房，不能放在卧室。可孩子往往想怎么做就怎么做，这时候我们就会发现，过多的“指导”可能固化孩子的思维，让创造性的想法和游戏无法发挥。如果父母干涉过多，孩子还会烦躁，不爱玩了，因为他感觉这已经不是游戏了。一些比较乖巧的孩子，妈妈说什么就听什么，看似亲子之间和谐相处，事实上却限制了孩子创造性思维的发展。所以在游戏中，父母一方面要尽可能参与；另一方面，一定要把游戏的主导权交给孩子。

我们永远都害怕孩子走弯路，在游戏当中也是。看着孩子非要把大的积木块放在小的上面，就想要阻止。如果孩子没有这样直接的尝试，他就只能通过父母告诉他：“大的放在小的上面是不稳定的，你搭的这栋‘楼’有可能会塌。”

实践是检验真理的唯一标准。让孩子亲自去摆弄一下，他获得的是最直观的经验：这“楼”真的塌了。由此他才会知道，如果想搭一栋稳定的“大楼”，就是要把大积木放在下面，小积木放在上面。这对于孩子日后的学习、生活经验的积累都是有益的方式。我们要允许孩子失败，让他在一次次的失败尝试中去体会、去了解，怎样才能成功。

当然，过多的失败也会令孩子烦躁，那么，父母在游戏当中就要有恰当的指导和示范。失败了一次、两次，再告诉他：“你试一试，把小的积木放在上面会不会就不倒了？”孩子可能在这种时候愿意听父母的建议，然后再重新开始。这样的陪玩，才是高质量的。

亲子游戏，对父母来说最有价值的是，它能够让你与孩子更加亲密，并且在游戏的过程中更清醒地认识自己的孩子，了解他的优势、他的弱势、他的喜好、他的特点，甚至他的小动作、口头语，及时发现这些，便能有的放矢地进行教育。

当孩子长大后，亲子之间能够回忆起那些愉快的游戏时光，一定是件令人庆幸的事。

◇ 你的辛苦与孩子无关

有一年高考后，看到网络上一个很煽情的标题——“我用 12 年的努力换妈妈今日的欢颜”。不知道妈妈们怎么想，但我要从现在就告诉孩子：无论你日后取得怎样的成绩，我都会为你自豪、为你欢呼，但你的努力却不是为了我，你只用对自己的人生负责，我自有我的精彩。

我们为什么要孩子

以前采访一些父母，总是冷不丁地问人家一个问题：“你为什么要孩子？”对方往往先是一怔，然后就是一些能预想到的答案——

该要孩子就要了呗；

老人催呀；

年纪到了，再不生就难了；

有个孩子家才完整；

……

一天，在电视里看到对一位著名音乐人的专访，有一种久违了的感觉，原来他已为人父。

说到女儿，像所有的父亲一样，他一下子有了精神。但我没想到，这样一个以音乐为生命的人居然说出下面的话："我不用月嫂什么的，谁都不用，就自己带，多好玩儿啊！"他很自得："你不知道，我那换尿布的速度……"然后徒手示范，过来人都看得出，动作很标准。主持人很好奇："为什么要这样亲力亲为？"他的回答正应了我心里的那句话："你自己都不带孩子，你要孩子干吗？"

这才是一个活明白了的男人。

有多少人真正想明白过这个问题：我们究竟为什么要孩子？

只有想明白了，你才不会把带孩子当作一件辛苦的事，才会发出"多好玩儿"的感慨。如果是你真心实意"要"他来，你就不会在意为这个小生命做出了什么"牺牲"，又付出了多少。你更在意的是他怎样充实了你的生命，而使你更能领悟生命和生活这两个人类最大的命题。

我最好的朋友，曾经是成功的职业女性，典型的潮人。年轻的时候流连于夜店、KTV，从里到外只穿名牌，买不完的化妆品，逛不够的名品店……在我的眼里、心里，就不可能把她和生儿育女联系起来。

可是，30 岁以后，她却迫不及待地想要孩子。35 岁那年，她成为母亲，而且是百分百投入的那种母亲：一怀孕就辞职，然后一门心思带孩子。她说，看起来再炫目光鲜的那一切都只是表象，你需要拥有一份最实在的投入，无论是情感上还是精力上。

现在，她是最好的母亲。抚养孩子的过程中有苦有乐，但她不计较那些苦，因为那是她心甘情愿吃的苦。

我们俩经常一起带着孩子出去玩。有时，孩子们做出一些小小的淘气的事情，我们总是相视一笑。并不是所有的妈妈遇到此类情形都笑得出来，大部分时候，她们会生气、会叹息。

又回到前面的话题，如果你是想明白了才要的孩子，你就会是那个总能笑出来的爸爸或妈妈。

我还是觉得幸福更多

我们的传统就是喜欢渲染养儿育女的艰辛，期待的是儿女的回报。这就有点儿不合逻辑了，是我们选择生下了孩子，而非他自己，既然生了就得养，这是天然的责任；而且时代不同了，以前人们需要“养儿防老”，现在没这个必要，为什么不去享受成长，感恩孩子完整了我们的人生，而还去哭诉什么呢？难道不养孩子就会时光永驻、青春不老吗？

做父母当然辛苦，当然要付出很多。曾经看过一部国外的纪录片，一位新妈妈满脸幸福地抱着新出生的宝贝。画外音：孩子是上帝赐给我们的礼物。下一个镜头，还是这位妈妈，蓬头垢面，身后是 3 个小男孩在房间里追逐打闹，不可收拾。画外音：可是有时候，我们真想把这个礼物退回去！

礼物哪有收了再退的道理？我们不妨用一些更积极的态度来对待。

记得几年前采访一位妈妈，印象最深的是说到她的婆婆。她从自己妈妈那里听到的，永远是“把你拉扯大多么多么不容易，我吃了多少苦”，而婆婆每当提起自己的几个孩子，永远都是面带微笑，永远都在反复地念叨：“他们带给我多少多少快乐。”她亲手把 4 个年龄相差不超过 3 岁的孩子拉扯大，其中的辛苦可想而知，却从不说辛苦，那是因为她始终用积极的心态做母亲。这种心态深深影响了儿媳，她对“母亲”的角色有了自己的诠释：如果带着感恩的心情去做母亲，你可能体会更多的是幸福和快乐。

亲子之间的那份情感，有时候，胜却人间无数。

初上幼儿园，儿子每天早起都要找点儿碴儿，有一天突然不哭也不闹了。

我问他：“你早上起床难受吗？”

他说：“难受。”

我又问：“那你为什么不哭呀？”

他说：“因为我一哭你就不高兴，我不想让你不高兴。”

于是，我哭了。

母亲节前，老师让小朋友带一张妈妈的照片去幼儿园。不用说也猜得到，肯定是画妈妈。出差在外的我给儿子打电话，他很抱歉地说：“妈妈，我把你画成了个大怪物！你实在太难画了！”

于是，我笑了。

奔波劳碌回家后，我把这张“怪物照”小心地保存起来，无论日后哪一天拿出来看，我都会觉得幸福更多。

辛苦是因为没有打理好自己

大学同学聚会，依然有同学对我当年的辞职表示惋惜，觉得我为孩子做出这么大的牺牲有些不值。

有些事，是解释不清的。因为每个人对自己的人生规划不同，对生活的态度也不同。我从来不认为，工作是人生的全部，或者最精彩的部分，而当我决定生孩子的时候，“母亲”这个角色是我自己的选择，是最重要的事。所以，我从不认为辞职是一种牺牲。那只是结束一段历程，走进下一段而已。对我来说，做一个半全职妈妈，没有完全离开职场，却给了自己更多的自主空间，才有精力和时间来努力做个好妈妈。

很多人孩子管得一团糟，并不是不想或不会管，而是没有设计好自己的职业生涯。职业设计其实是一种转型，就是逐步转向以经验为主的事情。重新规划自己的职业，并不意味着退步。如今的职场上，很少有人从开始到退休，一直干着同样的工作，提升自己是个永恒的主题。30 岁左右本身就是一个转型期，对女性来说，这正好跟生育年龄保持一致，借生孩子的机会实现职业转型，从理论上来说完全可行。

工作不过是人生的一部分，陀螺般地转一生，错过的可能是更好的风景。孩子给予我们的，远远大于我们做出的那些所谓的“牺牲”。

从某种意义上来说，做妈妈也是一种职业，而且是需要一辈子从事的职业。

是职业就需要有职业素养，这就好比从驾校出来，只是表明拥有开车上路的资格，而并不代表你已经是个好司机。除了最基本、最重要的爱心外，技巧是非常重要的，想要不那么辛苦，就得多学习，并且懂得把知识与实践相结合，这可能是我们一生中最困难却收获最大的“职业”。

一个好妈妈，首先要把自己打理好，再去跟孩子一起经历成长。毕竟，在我们自己的人生路上，每一段风景都要经历、要感受，要成为深深的积累，沉淀在内心深处，这一世，才不枉来过一次。只有这时，我们才真正有能量去爱孩子，给孩子一份真正的优质陪伴。

◇ 过有成效的生活

朋友在女儿两三岁时就开始让她养成一些好习惯，比如进门把鞋摆整齐。老公嫌这样麻烦："你摆不就完了吗？"朋友解释说："从小什么东西都乱放，将来她的家能整齐吗？到时候受累的还不是她自己？"老公一听很上火："让她老公干！"朋友反问一句："咱家的活你怎么不干？"

这事经常被我们当笑话提起。其实，无论男孩女孩，哪个不是父母的心肝宝贝？我们教育孩子这好那好，学了无数知识技能，却把很重要的一件事忽略了——早晚有一天他们也会为人夫、为人妇。婚姻生活是否幸福是人生中多么重大的事情啊！如果最基本的生活能力都缺失，该怎么经营自己的生活呢？

我相信，在任何时代、任何阶层，聪明能干的主妇和体贴入微的老公都是理想选择。

养儿育女一定要有远见，要实在。我见过艺术天赋极高的男孩，女朋友可以容忍他在自理能力方面的“白痴”，却无法容忍他连一块饼干都要跟自己争；我去过几个女孩合租的单元房，相信任何一个男孩都会在她们那污浊不堪的卫生间门口驻足思考：把“家”住成这样的女孩子敢娶吗？

拥有良好的生活能力，过有质量的生活，这才是父母最该教孩子的。

一位非常有经验的老师对年轻的父母们说：“生活能力强、习惯好的孩子，往往其适应性、学习能力也强，他也就越能体会到生活中成功的一面。”这句话确实有道理。

在很多人看来，教育就意味着学习，学习就意味着学更多的知识，而孩子的学习，最初是从学会生活开始的。

不会做事就不会处理问题

孩子的“做事意识”绝对不是靠父母的嘴皮子练出来的。有的年轻父母说：“我经常给孩子讲道理，可他就是不听。”原因何在？在于父母把自己的孩子拔高成一个有成人理解水平和自控力的孩子了。在孩子的小脑袋瓜里，只有自己面前的事物才有真正的吸引力和联系，他们对于道理或者“如果你这样做了就会有那样的结果”这种内在的关系并不真正地理解，所以从“当前”“当下”着手进行锻炼才是适合孩子的方式。

糟糕的是，现在有很多父母自我生活能力就差得要命，更别提教孩子做事了。

有位年轻妈妈，从结婚到生孩子，生活其实都是由她的妈妈在打理。孩子从没见过妈妈做家务，偶尔收拾下衣服，能把家里弄得没有下脚的地方，然后姥姥就会冲出来收拾残局，并且一再唠叨："什么都不用你干，你跟孩子好好玩儿就行了。"

这位妈妈很忙，总要加班，可是听她说说那些需要加班的事，只要她做事有条理，很多都可以在工作时间内完成。生活能力差的人，工作能力也强不到哪儿去。因为自己欠缺，所以她也不会主动教孩子做事，并且还常常头头是道地说："长大了自然就会。"这话听起来真是打脸，更是耽误了孩子。不会做事，就不会处理问题，孩子上学后自然成绩不佳。

教会孩子有条理地做事情

培养孩子做事，就是要教会他有条理地处理事情，这样他才能在生活和学习中有效地利用时间，创造美好生活。

有的孩子看完书、玩完玩具，总是随手一扔，等到下次想看或玩的时候就怎么找也找不到了。这样毫无章法的习惯，久而久之会让孩子日后花费很多时间在无谓的寻寻觅觅之中，进而影响他的生活质量。

在孩子小的时候，可以有意识地锻炼他的条理性。例如，把孩子的玩具柜分门别类地注明——拼图、积木、娃娃、小汽车、橡皮泥等，在每一个小柜子或隔断上用图片或文字标示。在孩子玩完后请他“帮助玩具回家”，看看他能不能根据标示的图片或文字收拾好玩具。这样一方面可以调动孩子的兴趣，另一方面可以从小让孩子养成良好的做事习惯。

不要剥夺孩子体验和实践的机会

有天在小区里散步，天气很好，十来个“小不点儿”凑在一起，好不热闹。一个小男孩走来走去，正在享受自由运动，简直开心极了。他对花坛里的一根树枝产生了浓厚的兴趣，很想得到它。于是伸手去够，可花坛的石围挡住了他，而他又爬不上高高的石围，使了半天劲儿就是够不着，但好像并不打算放弃。在旁边跟着的爷爷就把树枝捡过来，递到小男孩手里。没想到，小家伙不但不领情，反而大哭起来，让爷爷一脸茫然。

我想了想，就对孩子的爷爷说：“您把树枝放回去，但比刚才稍微近点儿，再让他够。”爷爷虽然还是莫名其妙，但照着做了。这回，小男孩自己够着了树枝，破涕为笑。

我们总是不明白，孩子做某件事，很多时候不是为了目的，而是为了享受过程。所以，当我们觉得已经满足了他的要求时，他依然不快乐，因为我们实际上剥夺了他体验和实践的机会。

你愿意做哪种父母？是授之以鱼，还是授之以渔？

我们教孩子做事，也不只是让孩子会动动手，做些家务事，重要的是看他会不会思考问题、提出问题，进而解决问题。所以，我们更多的是要培养孩子解决问题的能力。事无大小，不在巨细，都有不同的解决方案，也就需要不同的解决技能，这些能力对于孩子的一生都是一笔巨大的财富。

培养做事的能力，其实就是锻炼孩子如何更有成效地生活，并且能够去享受生活，为孩子拥有幸福的人生奠定基础。事业成功、家庭幸福是我们普罗大众“成功”的标准，而我们往往更在意“事业”，忽略了“家庭”才是更与人休戚相关，更能感受幸与不幸的关键。做父母一定要有长远的眼光，为孩子一生的幸福打算。

◇ 轻抚孩子的心

朋友出差了，第一次远离她那个超级黏妈妈的宝贝儿子。

第一天，小家伙主动要求来我们家打发时光，把自己投入新玩具中。

第二天，我们到他家里去。在他面前谁都不敢提“妈妈”两个字。看到妈妈的一件衣服，他像是喃喃自语，又像是说给我们听：“妈妈没衣服穿怎么办呀？”天黑了，他又说：“天黑，妈妈看不见路了。”

我感动得快要和他一起哭了！

在孩子那颗小小的心里，其实也无时无刻不在牵挂着妈妈。可是，他已经在努力地学习控制自己的情绪，尽量不用大哭大闹的方式来表达对妈妈的想念，以及自己内心深处那一份难言的不安。

与母亲分离，是许多孩子都难以承受的。

孩子和成人一样，也会有消极的时候，比如被小伙伴欺负、受委屈了、害怕黑夜等。当孩子明显表现出这些消极情绪时，父母最常用的处理方式是安慰、劝导、解释等，可结果往往是徒劳无功。其实，安抚最重要的是让孩子感受到你真的体会了他内心的痛苦或烦恼，也就是所谓的同理心，他才会接受你的安抚。

每个人在日常生活中难免有些不如意，成人何尝不是如此。此刻最需要的是有人能理解，能倾听，能给予情感的接纳和支持，而不是太快、太早地提供意见，也不是说一些空洞的，没有实际内容的安慰话。

在这样的原则之下，再来安抚出现负面情绪的孩子，你可能会觉得没那么困难了。

提供发泄的渠道

谁都有窝火、郁闷的时候，大人可以找人倾诉，做些喜欢的事，或者什么都不做，慢慢在内心化解，而孩子就不一样了，他们要么即刻爆发，要么变得郁郁寡欢。更糟糕的是，面对孩子这样的情形，很多父母不是去帮助他寻找造成负面情绪的原因，而是批评孩子："多大点儿事呀，别小心眼儿！""就会回家发脾气，人家打你的时候怎么只会哭？"

有些父母看见孩子闹情绪，就会感到烦躁不安，其实孩子愿意在父母面前表达内心的感受，正好表示他对家庭存有一定的信心和安全感。所以，当孩子闹情绪，父母并不需要立即喝令孩子收拾情绪。如果可以，尽管容许孩子有些时候发发脾气，待他安静下来，再慢慢了解情况和教导他如何处理不快的情绪。心理学研究证明，偶尔发一两次脾气、哭一场是对精神健康有益的。

给孩子一个可以发泄的工具或渠道，原则是不伤人、不伤己。邻居家有一个打不倒的不倒翁，他们家小朋友生气的时候会跟不倒翁练拳击；我儿子有段时间会画一个怪兽，再撕得粉碎。虽然这让我感觉很像旧时代的“扎小人”行为，也还是默许了——总比他找那个惹他生气的人直接“算账”好多了。

提供实际的帮助

孩子会经常有挫折感，因为他们的能力有限，而想要尝试的事情又太多。探索本身是件好事，但在探索的过程中有太多的失败体验就不好了。

我们经常会看到孩子因为总做不好一件事而气急败坏。有天下起了小雨，我看到路上有母女俩在争执。小女孩 3 岁左右的样子，非要自己打伞，却怎么也打不好，那把伞对于她来说太沉了。伞东倒西歪，雨却越下越大，妈妈怎能不急。

开始，妈妈坚决要把伞夺过来，小女孩当然不干，拼命地叫："我要自己打！我要自己打！"

"你打不好，一会儿就都淋湿了！"

"我打得好！"小女孩还是嘴硬，努力地想把伞打好，证明给妈妈看，可越使劲，伞越是不听话。她开始大哭起来。

妈妈软下来："来，妈妈给你打着。"

小女孩的理由也很充分："你太高了！我打不着！"

妈妈可能没想到女儿会说出这么有理的话。她停了一会儿，对女儿说："你握到中间试一试。"小女孩将信将疑地试了试，妈妈在一旁帮助她，果然，伞稳当了许多。小女孩不哭了。

有时孩子遇到挫折，情绪十分低落。父母千万别说："真没用，动不动就哭。"也不要说什么"做不好就不做了"之类的话。这些话对于孩子当时所受的挫折毫无帮助，反而会加重挫折感。因为连父母都不同情和理解他。提供适时、恰当的帮助是最实用的，如果孩子拒绝你的帮助也没关系，那说明他还有承受挫折的能力。

提供聆听的耳朵

孩子是最不懂得掩饰情绪的人，特别是在快乐的时候。他们可能会喋喋不休向你述说快乐的因由。

我儿子在幼儿园里哪件事做得非常好，得到老师的表扬，或者周末又跟爸爸妈妈去了什么新鲜地方，一定要向班里所有老师都“禀告”到了，一个都不能落下。

他在家里也是这样，一件事反反复复说好几遍，说得你都能原封不动地复述，但只要他没尽兴，就还得没完没了地说下去，而且要求你必须每一次都有同样的呼应。有时，真的好烦！

很多父母都会感到孩子一件小事重复多次来述说不好。其实父母应珍惜这些聆听的机会，不妨先倾听孩子内心的想法和感受，这是与孩子分享他的内心世界的绝好机会。

我们若要真正了解孩子的内心，首先必须要有正确的聆听态度，这包括诚恳、开放、接纳、热情和非批判性的心境。孩子感受到这些态度，才会乐意向我们表达心声。然后父母再用眼神、表情或手势，让孩子感受到我们对他的话很感兴趣，于是，他会继续跟我们说话。

为了更进一步表明我们是非常认真的聆听者，还可以说：“让妈妈把你刚才说的重复一遍，你看我说得对不对。”“你要表达的是这个意思吗？”这样，既可以保证我们真正了解了孩子的内心，还会使他深深感受到我们的真挚。

对于孩子因负面情绪而导致的行为，如发脾气、大吵大闹、无休止地哭等，父母可以先安抚一下自己：“孩子虽然难以对付，但生气是没有用的，我可以用另一种沟通方式试试。”

一个有效的方法是当你感到自己也生气时，立即停止说话，沉默或离开现场。待冷静一会儿后，再回来跟孩子讨论先前他所做的事。尽量抛掉“生气”这个内在的想法，以愉快、轻松的信念取代它，并肯定这种新的信念能帮助改善亲子关系，对自己、对孩子都有好处。

◇ “富养”精神

这些年，关于“穷养”与“富养”的话题很多。其实生活水平小康的家庭，无论男孩女孩，哪个还会刻意“穷养”孩子呢？但我们所说的“富养”，也绝不是给孩子锦衣玉食的生活，要什么买什么，而是根据家庭的经济条件量力而行，尽可能“富养”他们的精神世界。虽然这一切也需要物质财富做后盾，却与挥霍无关。

品位，从穿衣开始

网上经常会有一些经典对比：妈妈带的孩子和奶奶带的孩子，看一个潮娃怎样变得“接地气儿”。

老人大多从艰苦年代走过来，在他们眼里，现在的孩子已经不只是活在蜜罐里，那么小就要讲究穿着，会把孩子惯坏的。而年轻父母则相反，给孩子买衣服不看价格，只要觉得好看就买，孩子衣服一大堆，随手抓起一件就穿，反正都不便宜，怎么穿也不会难看。于是，除了"接地气儿"的，我们还会看到游乐场里穿着纱裙疯玩的"公主"，上衣领结衬衫、下身运动裤的"绅士"。

穿着讲究，是讲究搭配得体、整洁舒适。谁都喜欢一个整洁、漂亮的孩子，衣服穿对了，不仅能提高孩子的"颜值"，更能让他自信、快乐。

我从不给儿子穿大一码甚至几码的衣服，合体才能舒适，孩子活动起来更方便。如果衣服偏大，穿在身上松松垮垮，除了他感觉不舒服，也会让别人感到不利落，甚至窝窝囊囊的。我更不会把孩子穿成"调色板"，一身衣服的颜色不超过三种，并且讲究色系搭配。

杨澜说过一句话："没有人有时间、有义务通过你那不精致的外表来了解你的内在美。"这同样适用于孩子。

通常，注重自己仪表服饰的父母都不会忽视孩子的装扮，但孩子被打扮成庸脂俗粉还是显得优雅大气，就得看父母的品位了。服装搭配包含着色彩、款式、风格等，孩子会在成长的过程中受到潜移默化的影响，当他们能自己决定今天穿什么上衣配哪条裤子时，就能看出"衣品"了。

经典，是最高贵的教材

很多父母都困惑，不知道该给孩子看什么书、听什么音乐，我的经验是：经典的就是最好的。

现在市面上很多童书都是所有的色彩“抢着说话”，没节奏、没语境。很对抗的颜色放在一起就像噪声，无数的颜色混在一起就是黑。而一些经典绘本却“简单”到极致。比如“可爱的鼠小弟”系列，就是很干净、很简单的画面，没有堆砌的色彩，也没有复杂的构图，我们的视线和注意力一直在跟随着作者的铅笔线条向前走，直到结尾，忍不住笑出声来。无论从美术的角度，还是从文学的角度，它都是一缕清风，清新、适意。这才是符合孩子认知的真实世界，不再是卡通的，也不再是简单的告白、说教，孩子可以从中慢慢体验、感悟，有了思考的空间。这就是我从小给孩子看经典绘本的原因，它可以带给孩子平和的心态和思考的头脑。

音乐同样是这个道理。西方古典音乐家思维严密，内心平静，所以创作的音乐也很平稳、有规律，给人一种踏实的感觉。比如维瓦尔第的《四季》，虽然很热闹，但同时也让人很舒适，因为它的热闹是非常有规律的。我们在分析古典音乐的时候会发现，它们特别规整，按照曲式分析法，就能知道下面的走向。中国的古典音乐也是如此，比如《高山流水》所用的古琴，是很平静、很敦厚的声音。它模仿的大自然的声音也是如此，静静地远望山水，声音空灵。

这些经典会提升孩子的鉴赏能力。有一年春节带儿子逛庙会，他想买个鼻烟壶玩儿，老人很自然地帮他选了些画有小动物、色彩艳丽的，而他却拿起一个画着水墨山水的说：“这种东西就得配这样的画才对路。”他现在更喜欢听现代音乐，但他听的歌、弹的曲子，都属流行音乐中的上乘之作，有时还能头头是道地说出它们好在哪里。

有位画家曾说过，一个经常坐在卢浮宫地板上看画的孩子，他的审美会低吗？

眼界，决定孩子的格局

从小带着儿子参观各种博物馆，听音乐会，看体育比赛，去大学里听讲座，只为开阔他的眼界。

你真的以为孩子对那些“老古董”无感吗？那可是低估了他们。儿子 4 岁的时候去陕西宝鸡法门寺，有个地宫文物展，我对那些出土的盆盆罐罐没多大兴致，可他却在旁边惊奇不已：“妈妈你看，这个盘子多漂亮！”眼拙的我一脸茫然：“怎么就漂亮了？”“你看它上面的花纹呀，像云一样。”天哪，他竟然能发现被我忽视的美！从此以后，每次看文物，我都更加认真地观察，争取跟儿子步调一致。

而站在陕西西安大明宫遗址的空旷广场上，工作人员说：“我们这里太大了，一万人进去也显不出来。”儿子不禁感慨：“这就是大唐盛世啊！”

他进过寺庙、道观，也去过教堂、清真寺，不同的文化、宗教在他小小的脑子里汇合，他懂得宗教是一种特殊的文化现象，不应亵渎，或者相互诋毁。长大一些，他经常就那些因为宗教或利用宗教而导致的战乱、权谋跟我们讨论。

孩子一天天长大，他会不会有更高层次的审美，会不会对世事有自己独立的见解，取决于父母给他一个什么样的成长环境。我希望孩子一生衣食无忧，但更希望他成为“精神贵族”，这就需要把有限的资金，尽可能多地投入精神的“富养”中。

◇ 玩具 · 天使

儿子还没出生，我就给他准备好了两三种婴儿玩具。家人都说没必要，刚出生的小宝宝怎么可能会玩玩具？

这可太小看孩子了！

他们才不像我们想的那样，只知道吃和睡，而是从一出生，大脑就开始运转。他们急于认识这个世界，急于找到最佳的路径。

玩具的魅力

你看，我精心挑选的床头转铃多么吸引儿子，他喜欢躺在小床上，看那上面悬着的 4 个小伙伴一圈圈地转。第一次有意识地看，他觉得很奇怪——怎么走了一个，又来一个？因为那时他还不会转动自己的小眼球。后来，他好像有点儿明白其中的奥秘，并且喜欢上了其中一身鲜艳黄色的小狗，追着它转半个圈。又过了十来天，他终于能跟着小狗转一整圈了。我知道，他的眼球已经能够旋转 360 度了。

这就是玩具的魅力。孩子好像天生就知道玩具可以成为他们的好朋友，更乐于主动跟玩具“交朋友”。孩子与玩具之间的互动，是他们智能发展的重要途径。

儿子半岁左右，能坐一小会儿了，不再像以前那样，手里拿到一个东西就毫不犹豫地放进嘴里，而是开始用小手来试着玩它们。学习玩儿的前提，还是观察。他会把一个布制的玩具方块拿在手里把玩一会儿，再把套桶研究一会儿，然后一手一个，好像在考虑它们之间有什么关系。终于，他想明白了，试图把方块放进套桶里。这一举动令我兴奋不已，立即号召全家来欣赏。后来，我又给他换了个大一号的套桶，便于他把方块放进去，他果然很顺利地就放进去了。他是真的自己“研究”明白，这个玩具该怎么玩儿的。

想让你的孩子聪明，可要选对玩具呀！

适龄适性

很多父母都要面对一件头痛事——家里到处是玩具，却吸引不了孩子，孩子怎么会对玩具提不起兴趣呢？

当然不是孩子的问题，也不是玩具的问题，而极有可能是我们没有在合适的时候给孩子提供合适的玩具。

1岁多的孩子，突然间“破坏力”惊人，热衷于摔、敲、砸等“暴力”行为。其实这样的“破坏”本身就是一种智力活动——尝试不同动作的因果关系。现在知道玩具店里那种用小锤敲击圆球的木制或塑料玩具多么难得了吧？回想起那时候儿子举起小锤，使出吃奶的劲儿砸下去的情景，我都会在内心由衷地感谢这款玩具的设计师。庆幸这样的力道没有落在家里的其他物件，或者我的身上。

做父母，就要学会让玩具成为孩子成长路上的天使。我们的孩子出生在玩具丰富的年代，父母可以很方便地买到适龄适性的玩具。不过在买玩具的时候，一方面要看包装上的年龄限定，一方面更要了解自己的孩子最适合玩什么玩具。

小玩具，大名堂

随着年龄的增长，我发现，儿子对乐高积木这类拼插玩具越来越有兴趣。

儿子刚刚两岁时，我会给他选块形较大、结构简单的，这时候，他的作品大多属于“意识流”——他说自己拼了个什么就是什么，几块积木拼在一起就是“枪”，其实根本看不出枪的影子，但我还是会表示赞许，并和他一起展开“枪战”。通常玩了几次之后，他就会对自己的“作品”不满意了，要么拆了重装，要么进行改进。与此同时，我发现他在做拼插动作的时候，手一天比一天灵活，而“作品”

也一次比一次更像那么回事儿了。

4 岁左右，儿子已经可以玩块形更小的乐高了，我给他买的第一件整套乐高是“警察局”，这对他来说确实是不可能完成的任务，细致的说明书简直就是天书。于是，我成了拼搭的“主力”。事实证明，我是多么热衷于这种游戏，明明知道儿子还小玩不了，完全就是满足自己玩的欲望，居然能够熬到半夜两点把“警察局”组建完成！而成为助手的小朋友煞有介事地跟我一起“研究”说明书，寻找需要的积木……忙得不亦乐乎，并且明白了说明书该怎么用。

很快，儿子就会照着说明书自己拼了，商场里刚买的“英雄工厂”机器人，坐在旁边快餐店里一会儿就拼出来，引得很多人驻足观看。通常他会先按照说明书把这套玩具拼出来，但用不了几天，就会“改装”，或者与另一套“混搭”出个新玩意儿。5 岁以后，我发现他更乐于按照自己的想象拼出各种令我“惊艳”的作品。于是，我不再买那些成套的有主题的，而选择一桶好几百块的小块形，由着他自由发挥，想拼什么就拼什么。

孩子的想象力被激发出来，想拼飞机就拼出个飞机，想搭游乐场就能“建”出个游乐场，就好像有个图形在他的小脑袋里，完全靠想象完成。那些价格不菲的成套乐高，也被他打破套路，任何一个小拼块都能为他所用，随心所欲。

这样的玩法，除了练出一双巧手，还练出想象力和创造力。幼儿园有一类数学思维练习，就是把几个小方块垒起来，让小朋友说出被挡住的有几块。对于这样的问题，儿子从来都是毫不费力。后来上小学的数学思维课，老师教这类题的计算方法，他却很不情愿算，因为他说自己能想出来后面藏着几块，不用算。我想，这种空间想象能力就是玩乐高的另一大收获吧。

◇ 带领孩子走进阅读世界

亲子阅读，这个话题说得已经够多，看什么样的书，什么时候开始，怎样陪伴孩子阅读，相信很多妈妈都成专家了。亲子阅读已经成为很多父母的必修课，越是在电子产品大行其道的年代，我们却越想培养孩子好的阅读习惯。

为什么阅读

父母用心良苦，不过，当我们着手培养孩子阅读的时候，不妨先想一想：我们自己为什么阅读？除了学习、考试，或者拿个证书而必须进行的阅读，在什么情况下我们才会阅读？不管是纸质的书，还是电子书，促使我们打开书本阅读的原因，我想更多可能还是把阅读作为一种生活方式。它就像生活的调剂品，或者说是自我充电的途径，虽不像吃饭、睡觉一样每天必需，但能满足我们的精神需求。

回过头再想想，为什么要培养孩子的阅读习惯？

有的父母是为了让孩子早认字、多认字；有的父母认为阅读有利于孩子将来的写作……这都没有错，我儿子不到 1 岁开始亲子阅读，上小学前我没有教过他一个字，但打开一年级的课本，他几乎都能读下来。阅读会让孩子形成对汉字形和意两方面的认识，对识字当然有利；在孩子语文学习的过程中，阅读量大的孩子对阅读理解和写作更加得心应手。所以我们才会下功夫培养孩子的阅读习惯。

但如果我们只是把这些现实的诉求作为目的的话，就很可能让孩子以为，阅读是他的任务，甚至成为负担，而失去了阅读本身应该给予他的乐趣。在培养孩子阅读习惯的时候，我们还是想一想阅读的初衷吧！

阅读本身是愉悦的，睡觉前拿起一本书来看，是为了愉悦心情，是为了充实精神世界，如果这种本来很美好的事情，在我们刚开始带领孩子走入阅读世界时，却让他感觉到是一种负担，他怎么会爱上阅读？

所以，培养孩子的阅读习惯，一定要想好我们的初衷是什么，这样会直接决定我们用什么样的方式来引导孩子阅读。

每个孩子都不可避免的阅读问题

在阅读之前，要先选书。孩子大了自然由他自己来选，但他还不会选的时候，就要由父母代劳。我给儿子选书，首先要看这本书是不是能打动我，是能让我哭，还是能让我笑。一本书如果让我有了充分的情绪体验，我就会情不自禁地想把这本书带给我的孩子，并且情绪饱满地跟他一起体会里面的文字、图画。这样的阅读，带给我们的是充实与满足。

随着孩子年龄的增长，尤其是 4 岁之后，孩子就不会完全被动地接受父母给他挑选的书了，他开始主动选择。儿子四五岁时，突然喜欢上了一些动漫，我也曾经纠结过一段时间，该不该给他看这样的书？因为这种书大多是视频截图，配上一些文字，而且更多的就是人物对话，对孩子的文学审美并无大益，我甚至怀疑，会不会反而降低了他的审美？因为我一直比较主张，给孩子看的东西尽量是经典。但是后来，我妥协了，为什么呢？

因为，我发现这是不可避免的，你的孩子不看，别人的孩子在看，所有的孩子都在讨论某个动漫的时候，你的孩子一无所知，他就会失落。我看到有的孩子得到了一本新的动漫书，小伙伴们对他的那种崇拜、那种羡慕，会让这个孩子特别满足。所以，当儿子也希望买动漫书时，我同意了。

买回来之后，我自己先看，带着批判的眼光。先是发现了错别字、病句，很是恼火，给孩子看的东西怎么能这样不负责任！再看内容，不排除有暴力的成分，但也并非一无是处，毕竟正义最后都会战胜邪恶，而且宣扬的多是保护地球、拯救人类这样的主题。所以我决定，必须要亲子阅读，只有跟着孩子一起阅读，才会尽可能少地让他受到负面内容的影响。比如，我会对儿子说，这件事不一定非要"打"才能解决，或者这是我不赞赏的行为，我觉得可以用什么样的方式更好地解决问题。同时，帮他纠正那些错别字和病句，圈圈画画，就算最初的"读书笔记"了。

亲子阅读怎么读

那么，书上那些正能量呢？当然是要尽量放大。比如说，阅读奥特曼打小怪兽的书，我更多是想让儿子知道，如果我们破坏了环境，将会有很可怕的后果，从而引发他对大自然、对环境保护的关注。当他对这些有了兴趣，再拿出一本跟环保相关的书，他就可能很自然地接受，而不觉得科普书籍枯燥无味了。有些动漫还会牵扯到太空知识，把科普书和动漫进行比对，他会发现，从科普书里获取的知识，视野更开阔，内容更真实，他当然就会喜欢看这本书了。

阅读，不仅仅局限于读书本身，孩子会通过阅读在其他方面有所提升。比如，我儿子看动漫书，几乎能记住所有人物和怪兽的名字，他们的身体特征、使用的兵器等。他也就因此了解了度量衡的一些概念，增长了对冷兵器的认知，还能认识很多比较生僻的字。

这就是为什么要强调亲子阅读，而不单单是给孩子一本书让他自己去看。在阅读的过程中，有很多东西需要父母引导孩子，不是每一本书都百分之百有益，但“开卷有益”也并非毫无道理。父母的作用就是强化能让孩子受益的地方，引领孩子分辨是非。这样做也会让孩子逐渐懂得，一本书，一个人，一件事情，都不一定非黑即白，孩子会逐渐学会用客观、辩证的态度来看待、分析事与人。阅读最终是要引发孩子更多更广的思考和认知，真正实现开卷有益。

◇ 科学引导孩子使用电子产品

“我家孩子从幼儿园回来就守着电视看不停，不让他看就大哭大闹，真想把电视扔了！”

“我儿子做什么事都没耐心，也不专心，除了看视频，这会不会影响他以后的学习？”

“动漫里有什么周边，闺女就要买什么东西，恨死电视了！”

……

都是电子产品惹的祸。

有些文章也把电子产品描述成育儿的万恶之源了，孩子近视、不专注、不合群、暴力倾向等，都是电子产品造成的；有的专家也主张将孩子与电子产品完全隔绝开来。

可是，谁家没有电子产品呢？看视频、动画片等真的有百害无一利吗？

孩子的生活绕得开电子产品吗

生活在当下，手机、平板电脑、电视在日常生活中是绕不开的，我们很难让孩子生活在一个没有这些电子产品的空间里。有些家庭会限制孩子使用电子产品，却不限制大人，孩子看到大人在家里经常拿起手机刷短视频、刷微博、追剧、打游戏，就会问“为什么”“凭什么”。往往是越不让接触的事物，越能引起孩子的关注。孩子对某些东西上瘾，起因并不一定是放纵，而可能是过多的限制。越限制，越觉得这个事物有强烈的吸引力，然后一旦在其他的途径中得到了，就可能完全沉溺其中，这是人的一种本性。

随着孩子年龄的增长，需要更加丰富的认知，其实是可以通过使用电子媒介来了解世界的。有的孩子就是从某个自然类的节目开始对大自然、对探险产生了浓厚的兴趣；有的孩子可能会从短视频中了解到有关历史、地理的知识；哪怕通过手机上的 App 推送的一条新闻，孩子也能发现，这个世界每天都在发生那么多事情，原来除了自己的日常生活和周边环境，还有那么多不同的人，不同的国家和城市，有的地方那么美好，有的地方正在发生战争，有的地方可能正经历灾害……这些都是孩子能从电子媒介中获取的。这么说来，使用电子产品并不见得是一件坏事。

看待任何事物都不能用绝对的姿态，孩子的某些问题貌似是电子产品引发的，而深究起来，其实还是父母的引导不到位，孩子需要的是科学引导。

科学引导第一步：挑内容

一般孩子两三岁就开始接触手机、平板电脑、电视等电子产品，大部分时候是被动的——因为家里人看就跟着一起看，慢慢才会发展到主动要求看，比如有了喜欢的动画片或者儿童节目。

父母需要做的就是帮助孩子挑选适合他的视频内容，而不是由着他随便看——至少，不能让孩子天天跟着家长看那些婆婆妈妈的电视剧吧？其实在挑视频内容的时候，我们都会有自己的目的，比如那些经典的动画片，那些能够帮助孩子学习知识，或是培养生活习惯的儿童节目。

一个正面的卡通人物或偶像对孩子的影响力，远远胜于父母一万句唠叨和教导。我感觉，儿子小时候很多好习惯都是巧虎教的，而学习一些简单的逻辑推理、分类、排序等，《米奇妙妙屋》中的米老鼠才是最好的老师。

科学引导第二步：守时间

对于使用电子产品的危害，排在第一位的一定是影响视力。这是我们最担心的，却也是最容易忽略的。妈妈忙着做晚饭，孩子一直拿着平板电脑看动漫，妈妈突然间想起来：哎哟，孩子已经盯着屏幕挺长时间了！这时候再想把平板电脑从看得入神的孩子面前拿走，难度可就大多了。

孩子没有那么高的自觉性，使用电子产品的时间还是需要父母来掌控。比如，给孩子规定“看动漫不能超过 20 分钟”，这个时间概念对于他来说很抽象，尤其是还不认识钟表的孩子。而如果一部动漫每集的时长是 30 分钟或更长，你想在 20 分钟的时间点暂停，那就是自寻烦恼。

所以，给孩子看的视频内容一定是要经过选择的，除了内容上把关，时间上也便于控制。现在很多视频网站都新增了“青少年模式”，默认孩子每天只能看 40 分钟，22 时至次日 6 时无法使用，仅推荐适合青少年观看的内容，家长可以利用起来。另外，下载视频又比直接看视频更容易控制。比如，选择时间不超过 20 分钟的视频，年龄越小，时间越短。这样就可以跟孩子约定，一次看多长时间。

科学引导第三步：做示范

虽然我们经常对孩子说少看动漫和视频，多出去玩一玩，但我们做家长的面对电子产品时，经常不能在孩子面前做一个“拿得起，放得下”的示范者。其实，优良的示范胜过最好的说服。

在家庭生活中，我们也要给孩子做好榜样。比如孩子在认真学习时，我们也不妨把手机放下，拿起书本，陪在孩子身边，静静阅读。一家人一起吃饭时，家长也最好不要看手机，可以把手机放在一个固定的位置，然后和孩子坐下来一起好好吃饭，聊聊天，促进良好的家庭关系。

父母是孩子的效仿对象，家长为孩子做出良好的示范，会给孩子潜移默化的影响。在引导孩子正确使用电子产品的路上，父母既是孩子的引路人，也是同行者。

陪看进行时

即使我们为孩子精心挑选了视频、设置了“青少年模式”，孩子也很容易就学会怎么使用电子产品。如果任由他一个人看，就比较难控制了，最好的办法，还是父母陪伴孩子一起看。

孩子关注的可能是细节

不陪着孩子，我们可能只是大概知道这个动漫、电视剧、短视频讲的是什么，而孩子往往更容易关注某些细节，有时候这些细节对孩子的影响可能比整个故事都要大。儿子 3 岁时看过一集《米奇妙妙屋》，是教孩子按颜色规律给旗子排序，说出“黄色、紫色、红色”，而唐老鸭出错了，说的是：“黄色、紫色、四角裤！”这个细节让我家小朋友 11 岁了还念念不忘，一看见四角裤就要笑翻。如果没有陪他看过那个片子，我可能永远都不明白这个笑点从何而来，更会少了一份亲子间的默契——只有我们俩懂得四角裤为什么可笑。

及时了解孩子的情绪

孩子在使用电子产品的过程中，可能会有很多情绪反应。比如，我们认为并不可怕的一个画面，对孩子来说却相当恐惧。有时候，孩子一个人盯着屏幕会突然喊妈妈，会害怕。如果你没有陪伴他的话，就只能莫名其妙地跑过去问他怎么了，孩子却不见得能清楚地表达出来，我们也就不知道孩子经历了什么、看到了什么，不能及时了解孩子的一些情绪变化。

陪着孩子一起看视频也能让父母对孩子有更深的了解，他喜欢什么，害怕什么，什么事情、什么样的举动、什么样的人能够引得他哈哈大笑，或者之前父母没有意识到，孩子看到某个场景居然会热泪盈眶，会伤心。所有这些东西，只有在跟孩子一起经历的时候，才能够体会到，也才能够认识到，原来我的孩子内心如此丰富细腻。这些会给父母一些提示，便于我们更好地了解自己的孩子，对他进行情绪疏导。

积极回应孩子的提问

对于视频内容，我们有时候是无法把控的，不知道它会朝哪个方向发展，可能出现什么样的画面，孩子会产生什么样的疑问。只有陪着孩子一起看，才能够及时地呼应，才能了解到：哦，原来这个地方他是不明白的，要提问。

孩子可能会就一个点提出一连串的问题。也许因为你的回答，他就会把看视频这件事忘掉，顾不上接着看下去，而是来跟你探讨，打破砂锅问到底。而这时，我们就会发现孩子的一个兴趣点，原来他对这个领域特别感兴趣，那么，是不是可以在这方面引导、培养他一下呢？

怎么停下来

让孩子自觉地控制好使用电子产品的时间，几乎是不可能的，孩子只要觉得好看，就很容易想一直看下去。而父母陪着看就能起到控制的作用，如果感觉孩子没有尽兴，可以不那么生硬地制止："行了，到这为止吧，不能再看了！"而是换一种更自然的方式，比如看完20分钟了，先跟孩子聊聊。"因为刚才妈妈和你一起看的，所以我知道你为什么笑得特别开心，你有什么想法吗？"这样就很自然地把视频暂停了。看完视频，回味回味也挺好的，孩子就会很自然地去调节自己，而不是本能地来一句："为什么不许看，我还想看呢！"然后纠缠不休。

除了陪伴，为了避免孩子使用电子产品停不下来，还有一个办法，就是事先约定，看完视频、动漫之后做什么。当然，最好是他喜欢做的事，让他不至于觉得无聊，而是对后面的安排有更多期待。

人们刷短视频、看电视剧就是想轻松、想愉快，所以别把孩子使用电子产品变成家里一件特别重大的事情，孩子一说要玩平板电脑、玩手机，全家人就跟着紧张。"我们家孩子玩手机上瘾""书看不了几分钟，平板电脑倒是能看一个小时”……关于使用电子产品，父母不妨用一种开放、包容的态度，因为这本身就是生活中一件很平常的事情，我们只需要在内容和时间上加以控制，更重要的是，科学引导。

◇ 旅行，让孩子有不一样的格局

古人云：“读万卷书，行万里路。”前者好理解，那么“行万里路”的意义何在呢？很多父母觉得孩子在特别小的时候，没有必要带他去很远的地方旅行，为什么呢？因为孩子太小，什么也记不住。

我就特别想反问一句：“你想让孩子记住什么？”

我们自己在旅行的时候，是为了去记住什么吗？其实不是的，我们就是想去看一看那个地方到底什么样，有着怎样的风土人情，去感受、体会别样的生活；或者就是换个环境、换几天活法，让自己彻底放松。反正，从来没有想过要去记住什么。所以，我们也没有必要来拷问孩子都记住了什么。

每当有人问到我，带孩子旅行的意义到底是什么，我想告诉他：旅行，会让孩子有不一样的格局。

影响是潜移默化的

儿子 5 岁的时候，我们去新加坡旅行。有一次，过一条很窄的马路，正好有一辆车要开过，我们本能地停下来，等车过去。可是，车也停下来了，有那么几秒钟，我们就和车静静地伫立在那里，场面颇为尴尬，还是爸爸突然间醒悟过来："赶紧过，这里是车让人的。"儿子紧接着就问："为什么我们不是这样？"他发现了差别，体会到不一样的国情，不一样的生存环境。

虽然回家之后依然过着"人让车"的日子，但他会自觉地等红灯、排队，在公共场所听到妈妈的大嗓门儿爆发立刻制止……我惊讶于孩子的辨识能力，他懂得哪些行为更文明，并且在现实生活中可以做到。这比给他"干"讲多少条行为规则都管用。

去的地方多了，孩子自然长见识，正所谓"见多识广"。而旅行中的见识是不需要去"记"的，孩子能够感受到。即使是两三岁的孩子，如果在冬天从北方来到南国，他也会奇怪：为什么上飞机前还裹着羽绒服，下了飞机就得换短袖？原来地球真是很大很大，有温带也有热带。然后呢，我们家那个地方，是不能看见海的，可这里有大海……孩子就可能产生很多很多的"为什么"，如果他问不出来，父母不妨先问问他，帮助他发现问题，再一起找答案。

我相信，对于孩子来说，"行万里路"的意义甚至要大于"读万卷书"。孩子是通过感知、通过探索来认识世界、了解世界的。旅行中的所闻、所见、所感、所触，都是日常生活中不一定有的，这样，孩子的见识就会提升很多。再大一些，孩子还会对不同民族、不同国家的风土人情产生兴趣，为什么这个地方的人是这样生活的，而我们那里的人是那样生活的，亲身感受胜过任何教科书。

见识决定内心的广度

儿子很小的时候，第一次在街上看见黑人，惊异的小表情我到现在都记得。他由衷地惊叹：怎么会有人是这样的，跟我们有不一样的肤色、模样？但是，去的地方多了，尤其当他作为一个外国人来到异国他乡，就又是另外的感受。他知道了这个世界如此之大，不仅仅是温度不同、环境不同，甚至连人的长相也不同。有的国家就是由不同的人种组成，他们在同一个城市里，是怎么融洽相处的？又怎样保有各自不同的民族风俗呢？

孩子的眼界不再局限于生活的周边环境，而是在旅行中看到这个世界是多元的、包容的。这样的认知对他的成长意义非凡，会让他有一颗包容万象的心，可以容纳各种各样的人和事，接纳不同的现实或意见，然后去辩证地分析、宽容地对待。

见多识广的孩子，因为见得多，知道得自然也多，在同伴中所能够谈及的话题和见解，就可能更多一些，看问题的角度也会更多元一些，从而让孩子产生强大的自信心。

有一次，幼儿园老师上课，讲到了潜水艇。我们去青岛玩的时候，进过一个废弃的潜水艇参观，所以儿子对潜水艇就有非常直观的了解，一听到老师讲就特别激动，举手跟老师说：“我知道潜水艇里面是什么样子的！”而听他讲完，别的孩子都用很崇拜的眼光看他，那一刻他简直就是自信爆棚。

旅行是最好的教育

在不同的环境下，孩子的感受也不同。

比如，有人以为坐游轮就是吃喝玩乐，我却更希望孩子能够真正地认识大海。因为我们平时都是带孩子去海边玩，他最多只能领略到近海的风景。但是，大海深处究竟是怎样的呢？我们在游轮上的第一个夜晚，已经驶到大海深处，我建议儿子去阳台上坐一会儿，可他却说：“不敢，外面挺恐怖的，这回我知道了，飞机掉到大海里是真找不着。”我突然就意识到，地球仪上那些蓝色的广大区域，现在对他来说终于是具象的了，它不仅广大，更加深邃。孩子害怕，是因为他感受到大自然的威慑力是如此强大。海，并不只是沙滩、海浪等充满浪漫和阳光的美好景象，原来大自然也会让人心生畏惧。我相信，有了这样的感受，孩子自然就产生了对大自然的敬畏心。

旅行还能让孩子对人文、历史有自己的理解。

有一年春节回家，我们选择了自驾旅行，途经山东、江苏、安徽、湖北、河南、河北……这一路下来，儿子知道了不少历史名人的故事，孔子、李鸿章、孙中山、包公……开始听三国，对地域文化尤其感兴趣。而这些都会让他更主动地去探索、学习相关的知识。比如在龙门石窟，我一点儿也不担心他会觉得没意思。因为他已经习惯于走到一个地方就去寻找、欣赏那里如何与众不同。这一次，8 岁的他不单是看这些佛像，还可以把它们跟自己知道的那么一点点佛教知识联系起来，我们都不明白的时候他会说："回家上网搜。"

边走边说

在旅行中和旅行之后，我们都会跟孩子进行一些交流，因为旅行同样需要优质的陪伴，不是带孩子到了某个地方就行了。

比如从一个地方到另一个地方，可能要坐一两个小时的车，有的父母会不停地跟孩子交流看到了什么，也不见得非要提问，那样会让孩子有压力。多说说我们自己的所见所感，及时向孩子"汇报"，可能就会引起孩子的兴趣，或者是提醒他，外面的世界很精彩。

我们还会在旅行中跟孩子一起参与一些活动，结束之后，主动跟孩子聊聊自己的感受，孩子可能就会跟着聊。我们引导孩子表达，也能让他从父母的言谈中汲取到一些他没有想到或难以表达的感受。不要觉得孩子幼稚而无知，没必要跟他谈那么深，其实孩子能吸收多少是多少。蒙台梭利说过，孩子就像海绵一样，拥有吸收的心智，我们只需要跟孩子畅所欲言就好了。

旅行中总能留下美好的回忆。每当下雨的时候，我就会不由自主地想起，在北戴河开着小花、绿草如茵的小路上，我跟 4 岁的儿子迎着细雨，边走边聊的情景。雨水偶尔会淋在我们脸上，风有点儿凉，但为了去吃一顿美餐，我们宁愿步行穿过几条小街。那份心灵的宁静是我们在平常的日子里难得享受的。

每一次旅行，未必一定会有多么重大的意义，也许在这次旅行中，孩子只是很强烈地体会到了父母的亲情，难道不值得吗？一家人一起爬山，每个人都会觉得很累，然而我们一起坚持下来，爬到了山顶，只是这样一个体验，也会给孩子留下特别温暖的回忆，在他长大了之后，他可能会说，我几岁的时候，就跟爸爸妈妈一起去征服过哪座山！我觉得这些就足够了，这就是旅行的意义。

为此，只要有时间，我愿我们总在路上。

第三章
PART
3

成长的挑战

成长原本就不可能一帆风顺，要不然怎么会有“成长的烦恼”？但这个“烦恼”大多是指孩子带给父母的“烦恼”。那么，孩子自身就没有烦恼了吗？当然会有，因为很多时候是需要跟自己、跟环境去较劲的。

与其说是“烦恼”，不如说是“挑战”。

作为父母，第一重要的是了解自己的孩子，对他的情感、能力、日常表现有一定的敏感度。这样才会及时发现孩子的长处与不足，了解到什么情况下，他可能会遇到“挑战”，才有可能对他进行疏导或者安抚。父母就是孩子在成长中遇到挫折、困惑、失败时，容许他有一个安全的地方来诉说的人。孩子会从心理上感觉到父母是在和他一起分担烦恼，直面挑战，而不是责怪他笨、娇气，或是给他一个更大的“挑战”。

◇秩　序

儿子两岁多的时候，我有段时间工作很忙，每天一大早起床就送他上幼儿园；忙了一天，下午去接他，回到家里，大大小小的事情几乎都要靠我一个人来完成，许多家务就马虎起来，得过且过了。尤其是面对着满天满地的玩具，我总是想，反正明天他还要玩，还要弄得到处都是，不收拾也罢。

但是问题很快就出现了。儿子越发不管不顾地乱扔玩具，玩完了也不收拾，而且总是让我帮他找东西。当我在“玩具阵”里一通乱找又一无所获时，就会气急败坏地冲他嚷嚷：“你自己不会找呀！找东西一点儿耐心都没有！”而他也不甘示弱：“我自己找不到！”

我们都找不到，因为他的所有玩具都处于一种无序状态。让一个两岁多的孩子在这种无序中寻找目标，对他来说难度太大了。我意识到，自己的偷懒行为已经影响到了儿子。

因为孩子天生爱秩序，他们对秩序极其敏感和执着，他们是秩序的维护者。

秩序敏感期的孩子什么样

儿子经常会为一些不起眼的小事较真儿。一会儿为东西放得不是地方着急上火，一会儿为妈妈回到家里却不换家居服而大哭大闹……而且异常“执着”，非要你把东西放对了，把衣服穿对了，才善罢甘休。

这就是一个处在秩序敏感期孩子的典型表现。秩序感是生命成长的需要。孩子一出生就需要一套简单而有条理的生活秩序，需要一个有秩序的环境，才方便他建立起对这个世界的信赖。

在蒙台梭利的敏感期理论中，0 ～ 4 岁是儿童对秩序的敏感期。蒙台梭利认为，这是由于儿童急切需要一个精确而有规律的环境，只有在这样的环境中，他们才能将自己的知觉归类，然后形成概念，以了解环境并知道如何对待环境。

尊重孩子对秩序的内在需求

我们经常会遇到这样的情况，孩子无缘无故地哭闹。你考虑到了所有可能引起他哭闹的原因，使出浑身解数依然没有办法让他安静下来。一切努力都无效的时候，你会想到这是因为秩序感错了吗?

蒙台梭利讲过一个生动的故事：一个母亲抱着一个1岁多的孩子，由于天气热，母亲将自己的外衣脱掉，顺手搭在手臂上，再去抱孩子，可孩子突然大哭起来，而且哭声越来越响亮。这位母亲不知所措，试图让孩子安静下来，但都无济于事。

蒙台梭利观察分析，认为这是一种无秩序的变化引发了孩子的啼哭。于是，她指导孩子的母亲将外衣重新穿上，结果母亲的外衣一套上，孩子立刻安静下来。孩子自认为衣服就应在身上穿着，而不应搭在手臂上，母亲把衣服搭在手臂上导致了孩子眼中的秩序感发生错误，于是发脾气、大哭。

秩序感得到满足，孩子就很愉快；秩序改变，孩子情绪就会有波动，甚至哭闹。因此，给孩子一种有秩序的生活能稳定孩子的情绪，并且建立良好的生活规律。蒙台梭利非常强调环境布置的秩序，时间环境、空间环境的布置都要有助于孩子秩序感的建立，这样孩子一生都会受益。

孩子秩序感的两大特性

特性1：具有刻板性

孩子对于秩序的要求甚至可以说是有些苛刻的，他会根据自己的经验认为秩序是不可更改的。过去形成的记忆模式是这样，现在也必须是这样。理解了孩子的这一心理需求，就可以根据具体情况采取适宜的策略。

● 应对法

有些父母意识到了孩子秩序感的刻板性，反而更加不知所措。如果只是顺应孩子的“秩序”，就可能事事顺着孩子，使他形成任性、执拗的个性。因此，要给孩子机会，让他感受不同环境中的人与物，帮助他认识到别人的“秩序”和自己的“秩序”可以不同，使他学会把“自我”与“他人”区别开来。

儿子经常会把小汽车摆在客厅中间，然后又去玩别的玩具。过了许久，如果你嫌那小汽车挡路，顺手拿开，他肯定坚决不干，非让你再摆回原处。因为在他的头脑里，那辆小汽车之所以摆在那里自有道理，你拿开了，他脑子里的秩序就被打乱了，这是孩子最不能接受的行为之一。所以，我从来不动他已经摆放好的玩具，虽然它们经常很碍事。

等到儿子又长大一些，能听懂很多话了，我就会跟他商量，把玩具摆在哪里更合适，对他来说更安全。多数情况下，他会接受我的建议。也就是说，我提的一定是具有建设性的意见，而不是简单规定他不要做什么，要不我一定会碰个“大钉子”。

特性 2：秩序是安全感的来源之一

只有在有序的环境里，孩子才会感觉到安全。一旦秩序有所变动，孩子就会产生焦虑和恐惧。这就是换了保姆，孩子会不安，甚至出现拒食等现象的内在原因。所以，给孩子稳定的生长环境，不仅仅指固定家具的位置，还包括固定照顾他的人，而这个人最好是妈妈。

有时，孩子会一遍遍重复原有秩序，其实是在不断巩固安全感。如果每天出门都是孩子来关门，而你某次不经意地带上了门，孩子不依不饶时，不妨花几分钟时间让他重来一遍，否则你可能需要花费很长时间来平息他的不安情绪。

● 应对法

秩序的敏感期其实是培养孩子良好生活习惯的大好时机。最佳契机就是在孩子产生秩序感的第一时间让他养成一些习惯，如进门就换拖鞋，垃圾放在垃圾箱里……儿子从婴儿时期就知道，每天晚上洗澡、喝奶、按摩、睡觉，这是一套雷打不动的程序，哪个环节有变化，都会令他迟迟不能入睡。

第一时间的教育只是一两句话就奏效，否则孩子很快会接纳杂乱无章的“秩序”，那时再费九牛二虎之力扭转，也未必有好的教育效果。

孩子出生后，家里的布置最好固定，并且随着孩子的成长，安排属于他自己的空间。我们家每个房间都有儿子的一小块空间，比如，玩具都在阳台，而书都在书房。他要想玩玩具，就去阳台找；想看书，只能进书房——做每件事都有一个相对固定的空间，每件物品都有它的归处。

孩子天生爱秩序，并特别渴望自己动手“创造”秩序。但他们的身心发育有限，常常心有余而力不足，本想收拾桌子，却把水洒了满桌；本想收拾玩具，却让玩具分了家。这时，父母应考虑孩子的能力，给予充分时间，让孩子去收拾，而不可草草地帮他们收好。更不要觉得孩子“碍事”或“笨手笨脚”，只要他自己愿做，就让他做，哪怕事后你还得重新收拾整理。

孩子的快乐很简单，能在固定的地方找到固定的玩具，就是一种快乐，他们需要一个井然有序的环境，并且一定会遵守这种秩序。

利用秩序感培养规则意识

秩序感一旦形成，就让人产生身心愉悦的感觉。在孩子产生秩序感的第一时间培养一系列良好行为习惯，有事半功倍的效果。例如，进门就换拖鞋，吃饭要端坐在自己的位子上不摇不晃，每个玩具放在固定的“家”里，纸屑垃圾放在垃圾箱里……第一时间的教育往往几句话、几次良好的示范就奏效。

所以秩序是生命的一种需要，当它获得满足时就能产生真正的快乐。让我们一起来催化每一个快乐的生命吧！

◇反　抗

小区里和我儿子差不多时间出生的孩子有七八个。记得当他们陆续进入两岁时，都变得问题多多。有的孩子一夜之间从腼腆小生变成暴力小子，打、砸、抢样样无师自通，小朋友见之，四散逃窜；有的原本听话乖巧，让叫阿姨就叫，却突然间变得“死”不张口；有的不好好吃饭，不好好睡觉，把“不”字当口头禅……总之，家家有个难缠的宝贝，软硬兼施，无所适从。

我也不知道从哪天起，经常被儿子气得暴跳如雷，七窍生烟，一改往日的和风细雨，很难控制自己不冲他发火。有位老太太还跟我打赌说：“他再长大点儿，你就该上手打屁股了！不信咱到时看。”

成长真是一步一个坎儿，到了两岁，果然“长大”了。家里有个两岁孩子，简直无时无刻不能炸开锅！

可这却恰恰说明，孩子已经进入了“以自我为中心”的心理第一反抗期。

反抗是走向独立的开始

这时的孩子已经开始形成自己小小的“内心世界”，他想要拥有这个世界，而父母却总是希望他“听话”，这就使他总感到自己处处受限、被干扰；他只想让别人按他的想法做，而自己的能力又有限，往往只是别人在支配他；他的好奇心和探索欲空前活跃，可行为表现却多是破坏性的或出格的。

这一切令父母难以忍受，也让孩子自己经常遭受挫折与烦躁，因为他的尝试通常是败多胜少，比如，他想自己吃饭，却怎么也不能把饭准确地送进嘴里，而他的语言能力又难以表达那些失落和不安，所以他就会发脾气、大哭大闹。

曾有专家做过这样的研究：将 2 ～ 5 岁的幼儿分成两组，一组反抗性较强，另一组反抗性较弱。结果发现，反抗性较强的幼儿中，有 80% 长大以后独立判断能力较强；反抗性较弱的幼儿中，只有 24% 长大以后能够自我行事，但是独立判断事情的能力仍比较弱，常常依赖他人。因此，专家认为，反抗行为有时候意味着孩子有其独立自主的想法，不受干预也不受支配，这正是孩子发展判断力的良好时机，值得父母重视。若一味要求孩子服从你，那他的判断力也就难以发展。

所以，对于 6 岁前的孩子，反抗不是什么坏毛病，而是成长。

对抗反抗不如顺应

反抗是一个正常的心理发展过程，说明孩子长大了。父母要做的不是跟他对抗，而是帮助他顺利度过这一时期，减少反抗表现，并抓住这个关键期，发展孩子的独立能力。比如，鼓励孩子的独立行为，进行生活自理能力培养；尊重他，尽量不用命令的口吻对他说话；在他独自游戏的时候尽量做个旁观者，不要总是指手画脚；多给他参与生活实践的机会，让他经常有事可做。

想自己吃饭是这一时期孩子热衷的事。有研究表明，那些被顺应了自己吃饭这一需求的孩子，不仅学会了独立吃饭，同时还发展了自理能力、手眼协调能力和自信心。

孩子做这件事的目的不一定是想要自己吃饱饭，他的兴趣是在“自己吃”这一过程。所以，可以先把他基本喂饱了，再由着他自己折腾去；或者喂饭的时候给他一把勺，边喂边让他自己吃。儿子 1 岁多自己吃米饭，吃完就被丢到澡盆里，这时候那盆水基本可以被称作“粥”了！但他不管这些，他只满足于“自己吃”的快乐。

当孩子乱发脾气，胡搅蛮缠的时候，我们一般都先给孩子讲道理，和他商量着来。但处于反抗期的孩子，道理往往是讲不通的，他们是“为了反抗而反抗”。孩子在与大人的抗衡中积累着“攻守”经验，了解父母的处世原则。在与成人的对峙里，孩子体验到自身的坚持和退让，能对他人产生不同的影响和结果。胜利使他获得成就，同时也留下深刻的经验记忆；失败使他失望，但同样会鼓动他重组经验再次突围。所以我们说孩子“第一反抗期”的种种“反常”变化，并不是无缘无故的“逻辑混乱”和“行为失控”。

怎样对待反抗期的孩子

对待反抗期的孩子，千万不要针锋相对，相信我，大多数情况下，失败的一定是你。即使他最后服从你了，也是口服心不服，早晚会“还”给你的；或者他长成一个没有主见、唯命是从的孩子，这也是你不愿意看到的结果。所以，我们应该用一些方法——

方法一：注意力转移法

设法转移孩子的注意，用另一种使他更感兴趣的事来吸引他，把他从正在跟你纠缠的事上转移出来。年龄越小的孩子，这招越灵。

朋友每天为了把儿子从澡盆里“请”出来发愁。她那个宝贝儿子太爱玩水，非得把妈妈惹急了，硬把他从水中抱出来。接下来就是哭得上气不接下气，通常照着 20 分钟哭。几次下来，要崩溃的是妈妈。

强攻不行，就得智取。朋友试着转移儿子的注意力。当他玩水不肯出来时，拿一件好玩的玩具，但一定不要是水中能玩的。儿子想要，妈妈就借机让他先出来，到床上再玩。

儿子最盼望的时刻就是“睡前故事”时间，对他说：“洗完就出来，妈妈给你讲故事，你今天最想听什么故事呀？”儿子开始把注意力转到故事上，再顺势来一句："走，咱们挑故事书去。"儿子就被顺理成章地抱出水。

方法二：冷处理法

所谓冷处理，就是暂时走开，不搭理孩子，让他自己慢慢冷静下来。看似很简单的方法，可是一到了实际运用时，不知道有几位父母能够做到。因为，更多的时候，你实在没办法无视孩子以及他的"可恶"行为的存在；或者是你总想尽快结束这种混乱局面，没有耐心等他冷静下来。

有次儿子生病，不能上幼儿园。俗话说："孩子病一场，脾气就长不少。"这回我算是领教了。小家伙把撒娇耍赖发挥到了极致，有些事情我认为是确实不能满足他的。比如，他不许我吃饭，只能陪他玩儿——我就会严厉地告诉他："妈妈把饭吃完就会陪你玩儿。妈妈不吃饭，没有劲儿，也会生病的，就不可能再陪你玩儿了。"但他还是不依不饶。我又说："如果你还这样不讲理的话，我就不理你了，等你什么时候讲理了，我再跟你玩儿。"他再纠缠，我就真的不再理他，接着吃饭。可每到这时，家里就会立刻有人冲上去安抚他，而他又不买账，最后还得我出面收拾残局。

这种事情很多家庭都会遇到，我们自己有时也做不到冷处理，因为孩子在那儿闹得实在是太让人心烦了！而且，很多大人都有一种想法，认为孩子哭闹就该去哄、去劝，置之不理是不负责任的。所以，经常是孩子一边大声哭闹，大人一边大声哄着，而双方的声调都会越来越高，直到筋疲力尽方可罢休。

冷处理，就是要让孩子冷静下来。冷静需要时间，需要有情绪转化的过程，这就是冷处理的作用。如果大人不给孩子这个时间和空间，并且自己也不冷静，只会加重孩子的负面情绪，让他更加心浮气躁。长此以往，想培养孩子的好脾气就有难度了。这就像在幼儿园里，老师的嗓门越大，孩子们越是听不见，老师轻轻说一句，孩子们却都安静下来了。所以说，孩子发脾气了，我们可要先控制好自己的脾气。

方法三：有限选择法

处于自我意识发展期的孩子，喜欢自己对事情有控制力的感觉，如果你只是简单地命令他："戴上帽子出门。"他很可能会说"不"。即便你很有耐心地向他解释，为什么他需要戴帽子，他还是有可能对你提出的所有理由加以反驳。因此你最好给予他选择的权利。但这并不意味着你要对他说："戴上帽子好不好？"千万不要这样说。如果他回答你"不好"。那你就完全傻掉了，因为是你自己问他的嘛！理想问题的设定是这样的："你是戴米老鼠的帽子，还是红色的帽子？"一次只需要给孩子两个选项让他选择，并且这两个选项都是父母可以接受的，这叫"有限选择"。

有时候我们必须给孩子一些禁令，比如不能试图把手指头捅进插座里。但在下禁令的同时，别忘了给孩子留一个出口，不要用死路一条的态度禁止他做什么事情。

两岁的孩子开始迷上涂鸦，墙壁是天然的画板，可以告诉他：“我不允许你在墙上乱画。如果你喜欢画，我可以给墙贴上一层纸，你往纸上画好了。”这样你转身以后才能放心，他会画在纸上而不是墙上。

如果你想禁止孩子去动你书架上的书，你可以给他一个属于自己的小书架，他会很乐意照顾自己的小天地，而不再去侵占大人的领地。

让孩子做事应提早通知。要开饭了，可以在饭好前就提醒：“看完这集动画片，我们就吃饭。”否则等到饭菜上桌，再想关电视，孩子绝不会从命的。

方法四：休克疗法

孩子张口就来的“不”不断挑战你的耐心。既然如此，那就不如干脆让他说个够。给他一些明显很诡异的提议，比如：“你要不要穿着衣服洗澡？”“要不要用牙刷洗头发？”让他觉得这是一个有趣的游戏，而且还可以尽情地说“不”。等他说够了，再给他一个合理的提议，他可能就会愉快地接受。

或者干脆就化为无形，一边不停地鼓励他说，一边“顺手”就帮他把澡洗完了。让他自己说到烦，跟他约定，在每天的某个固定时段里，只能说“不”，不能说“好”或“是”，等等。看着吧，很快，孩子就会主动要求：“我们不说‘不’了，可以吗？”这就叫作“休克疗法”。

还可以表面“顺其言”而实质“反其道”。对于不爱喝水的孩子，非让他喝，他理都不理你。但如果说：“不想喝就别喝，渴了再喝。我可想多喝一些水。”看到妈妈喝水，他可能会跟着要水喝。

我们可能搞不懂，为什么孩子长大就意味着打破和谐安宁的生活？为什么非要“反抗”呢？我们不妨把自己想象成一个孩子，尝试着理解他的那些难以运用语言表达出的失落和不安。他想向我们证明：他长大了，有自己的主张，能做很多事，他必须实现更多的需要。但他又发现大人对他的要求越来越多、越来越高，他也不再是世界的中心，而他的很多努力和探索又是败多胜少：他以为自己可以像爸爸那样一脚迈下台阶，却狠狠地摔了一跤，他不明白自己为什么就是不行；他非要自己把水杯端到桌子上却洒了一地的水，他第一次有了自卑的感觉……

想到这些，我们怎么还会忍心对正处于如此心理纠结中的孩子大发雷霆呢！成长是多么不容易的一件事，而宽容是父母给孩子最好的成长礼物。

◇攻　击

心理学家认为，攻击性是人类天生就有的，是人类在长期进化过程中，为了保护自己，使自己这个生物个体能够生存下去的一种本能。只不过这种本能随着人类社会的发展，慢慢转化为攻击性倾向，潜藏在我们每个人体内。大多数孩子的攻击性行为出现在1岁半左右，因为行走等动作技能日益熟练，他们开始走向独立，但正确地使用语言来表达自己想法的能力还差得很远，忍受挫折的能力还很低，攻击性倾向作为一种行为明显表现出来：大喊大叫、打人、咬人等。

现在的父母，都很重视孩子人际交往能力的培养，而当孩子真的开始与小伙伴交往了，却又总是免不了纠结于“欺负”与“被欺负”的主题。谁都怕孩子被欺负，甚至有家长教孩子怎么出手打人，拿自己当“靶子”训练，但孩子经常欺负人、打人，做家长的难道就能放心了吗？事实是，更不省心。

淑女妈妈养出个“野蛮女友”

我有一个老朋友，是那种真正的淑女，举止娴雅，说话永远轻声细语。跟她在一起，时常令我这样的大嗓门儿相形见绌。从小我妈就爱拿她和我比，然后唉声叹气，恨自己没养出个淑女。

可是，风水轮流转，20多年过去，淑女竟然重蹈我妈当年的覆辙——确切地说，还不如我妈。我不过是嗓门大、行动快，可她的宝贝女儿才1岁多，却成了我们家那个大院里出名的“野蛮女友”，无论老幼，无缘无故，抬手就打。

淑女几乎痛不欲生，怎么也想不明白，自己为什么会养出这样的女儿！从遗传上讲，毫无道理，淑女的老公是典型的书生，气质儒雅，恨不得见着生人还脸红呢。“我们不可能教她打人，我们家连保姆说话都非常客气，她这是跟谁学的呢？”

既不是天生的，又没有受“教唆”的环境，这小小“野蛮女友”到底是如何练成的？

孩子爱打人，父母当然希望找出原因。淑女上网查资料、查书，寻找孩子攻击行为背后的秘密，结论是，没有一条跟女儿对得上。

其实，这不是一个简单的对号入座的问题，需要全面分析。淑女工作很忙，经常加班，而家中老人又年老多病，所以，全靠保姆带女儿。而她这个妈妈，每天陪女儿的时间超不过3小时。当她第一次听到保姆“告状”说女儿打人的那个晚上，她跟女儿讲了很长时间的道理；但继而又发生了第二次、第三次“打人”事件，引起她的高度重视，按照书上的方法，讲故事、聊天……起初还是颇有成效的，但坚持不了几天，保姆又“告状”了！

我问淑女，是不是有了成效之后就不给女儿讲故事了？她点头。这就是问题的根源。

孩子“打人”是为了吸引妈妈的注意。孩子敏感异常，开始打人，可能只是一次偶然行为，但妈妈的反应让她知道了，这样做的结果会换来妈妈对自己的特别关注，而她那淑女妈妈即使很生气，也不会厉声呵斥她，所以她并没有认识到“打人”是一件绝对不被允许的事。

淑女又花了一番功夫明察暗访，她发现，保姆带孩子在楼下玩的时候，经常聊天，有时候孩子叫或者有什么需求也顾不上，但一旦“打人”，保姆就不得不管了。毫无疑问，孩子就是想要吸引大人的关注。

谜底解开，再来决定怎么应对，就不是太大的难题。从那以后，淑女安排老人每天跟着保姆一起带女儿出去玩；自己也调整了工作，争取用更多的时间和女儿相处，并且严肃而明确地告诉女儿：“打人是不对的！”

孩子的攻击性行为不可能一夜之间就消失，既然打人是为了引起注意，那么当孩子又打人了，降低关注，冷处理是最好的办法。只要没有危险，我们一定要控制住自己，不要急于去批评孩子的行为，而是装作视而不见，几次下来，孩子发现这不再有效，他打人的频率就会降低。

被纵容的“暴力小子”

我们再来看看“暴力小子”小宇，有他存在的地方必然有冲突。小朋友们都在沙坑里玩沙子，他一眼看上秋秋的新铲子，二话不说冲过去就抢在手里。秋秋来夺，被小宇一把推倒，接下来孩子哭、大人喊，一场混战。

别的小朋友不愿意和小宇玩，爸妈也怕他闯祸，干脆让他在家自己玩吧！可稍不顺心他就发脾气，那天他喜爱的小汽车可能是因为没电了，怎么也不动，他举起来就摔，妈妈说了几句，他就踢妈妈两脚，爸爸见状，上来就是两巴掌，小宇哭着结束了混战。

有些父母认为孩子打架、大喊大叫，是孩子间的小打小闹或是孩子特有的表达方式，并不加以重视。这使得孩子认为这种解决问题的办法及表示方式就是正确的。

还有一些家长怕孩子受欺负，鼓励孩子的进攻性行为，尤其是对男孩子。经常听到有些父母很自豪地宣称自己的孩子“厉害”“别人都怕他”，孩子在这种情况下会形成只有“攻击”才能得到父母赞扬的观念。

另一些家长则认为，孩子攻击性行为是将来不良行为的先兆，一且出现这种行为，就必须坚决制止，经常以训斥或打一顿作为惩罚。长此以往，孩子会把这种惩罚方式作为对不喜欢行为的一种正确处理方法，当他处于这种境地时，也只会采用攻击性行为。美国心理学家班杜拉通过一系列实验证明，攻击性行为是观察学习的结果。比如，幼儿在实验室看见成人攻击玩具娃娃，那么成人离开后，幼儿也会学着以同样的方式攻击玩具娃娃。

两三岁孩子互相“攻击”，大多是因为语言能力有限，还不会准确表达自己的意愿或要求，急了就动手解决。随着年龄增长，心智成熟，他们会在“争斗”中学会怎样处理彼此间的问题。很多时候孩子可能是想和小朋友表示友好，但由于分寸没有掌握好，比如手比较重或不管别人愿意不愿意就生拉硬拽，这样就要劝他动作“温柔”一点儿，表示友好多用嘴巴说就可以了，不要用手去抓或推。

交往缺乏与过度保护

我曾经在幼儿园里见过一个 5 岁的“天才”男孩，他有惊人的形象记忆力，已经认识好几千字。在小班的时候，小朋友们都很崇拜他，因为他能做的大家都做不到；可到了大班，他却成为不受欢迎的对象，因为他平时很少说话，想玩哪个小朋友手里的玩具，最多说一句“给我玩玩”，对方如果不同意，他就会抢，跟人家打起来。这种表现，跟他在小班时一样，而他的同学们已经能互相商量着做许多事了。也就是说，因为社会性发展的缺失，使这个孩子只会用“攻击”来解决同伴交往中的问题。

攻击性行为还产生于经验习得。一般攻击性行为的最初形式是“防御”，怕别人伤害自己而引起的自我保护性反应。当这种行为的结果满足了“免受伤害”这一需要时，就在认知上强化了这种行为的合理性；如果同时又没有受到任何“惩罚”，如对方更厉害的攻击、大人的批评等，就再一次证明了这种行为的可行性。在“自我保护”的强烈暗示下，往往会对外界信息过度敏感，以致做出“假想防御”，比如，对别人无意的碰撞，以为是故意的挑衅，因而做出“反抗”，有时还会由“防御”转向“进攻”。

我儿子小时候的攻击性行为大多出于过度的自我保护。小朋友搬着凳子从他旁边过，不小心碰到他，他回身就是一拳。很长一段时间，我都在努力让他分清别人对他的伤害性行为是“故意”还是“无意”，但这对孩子来说是有一定难度的，只能就事论事，帮助孩子从一次次的经历中累积经验，形成认识。

有一次在小区平台上玩，一个女孩无意中撞了儿子一下。我没看出来撞得有多厉害，可他的反应却很激烈，非要过去打人家。

我劝他：“小姐姐不是故意的。”

他坚称：“就是故意的！”

我又说：“你怎么看出来是故意的？如果是故意的，你这会儿都哭了，她应该很开心，可你看，她连看都不看你，她根本不知道你在生她的气。”

他冷静了一些，但还是不肯罢休。我就说：“那你过去问问小姐姐吧，她到底是不是故意的。”

事情的结果是，小姐姐听他哭诉才知道自己撞了他，赶紧道歉，儿子觉得自己挺没趣的。有过几次这样的事，他在动手之前就会想一下，人家是“故意”还是“无意”。

孩子小时候难免和小朋友有肢体冲撞，不见得都是什么暴力倾向。所以，对于孩子之间偶尔的攻击行为，家长不必特别在意。但如果这类行为变成经常性的，并带有报复性和恶意的时候，那就要采取相应措施了。

当发现孩子的攻击性行为时——

1. 马上干预制止攻击性行为。如果不马上制止和批评，就会强化攻击性行为，孩子只图一时情绪释放，不考虑行为后果，更意识不到这种行为的不对，那么他以后还会出现类似攻击性行为。

2. 进行行为指导，引导合理宣泄情绪。在对孩子进行批评教育的同时要引导他们选择合理的方式宣泄情绪。也可以转移注意力，让孩子投入感兴趣的游戏中，淡化其攻击性情绪。

没有哪个孩子会单独长大成人，只要与人交往，就会产生矛盾，如果家长怕孩子“吃亏”或伤人，总是主动参与到孩子们之间，监督和控制孩子们的行为，“攻击”可能会在一定程度上减少，但切忌大包大揽，否则会使孩子失去独立解决问题的机会，有可能表现出退缩性行为和对家长的依赖。

◇分　享

邻居家的闹闹比我儿子熊壮壮小 10 个月，两个小朋友的关系很有意思。

1 岁的闹闹和 2 岁的壮壮在一起玩，超不过 10 分钟就会有纷争，起因大多是一个要玩另一个手里的玩具，又死活得不到。

2 岁的闹闹来 3 岁的壮壮家玩，壮壮明确告诉他："变形金刚是我的宝贝，你不许玩！"但那些不是"宝贝"的玩具，闹闹可以随便玩，甚至借回家去。

4 岁的壮壮去 3 岁的闹闹家，闹闹赶紧从厨房找来一个塑料袋，把架子上的小汽车——他的最爱，一股脑儿装进袋子里，使出浑身力气往外拖，并向妈妈宣布，他要出去玩，而外面正刮着凛冽的西北风。妈妈说："他就是不想让壮壮玩这些小汽车。"

几乎每个孩子都有那么一段时期，拼命护着自己的玩具。孩子们之间争抢玩具、食物时，父母的脸上往往会“挂不住”：这些孩子也真是太不给父母面子了！于是，大人会断言：“现在的孩子太自私！”

自私？这样一顶关乎道德人品的大帽子，小小的孩子顶得起吗？

还是接着看壮壮和闹闹的关系是如何往下发展的吧——

壮壮快5岁了，闹闹也刚过4岁生日。两个小家伙好像一夜之间都变得大方起来，谁借谁的玩具都可以，买来的新玩具两人一起玩。

他们自觉地开始分享，并能感受到分享带来的快乐。

这就是成长。3岁前的孩子是不懂得分享，而不是不愿意分享，这不是道德问题。

孩子独特的物权意识

大概从2岁开始，孩子产生了“自我”意识，刻板地划分物权，以此来获得关于“自我”的概念。此时，他以为他的、他喜欢的、他想要的东西都是属于他的。所以，此时“自私”是正常现象，甚至是通向“分享”的必经之路，他们必须经由心智成长的历程，才能逐渐领悟、学会分享。

孩子正在建构自我意识，正在迈向独立

在这个阶段，孩子建立“所有权”的概念：我、我的、我的东西。在他们心目中，所有的东西都是“我的”，并没有意识到别人也有“我的”这种观点，也不明白为什么要跟别人分享。

孩子尚未掌握“借”与“还”这些概念

他们不知道“借”出去的物品还能完璧归赵，而是片面地认为一旦物品不在自己的手里，就意味着丢失。孩子只有确认什么是“我的”，什么属于自己之后，才能逐渐意识到什么是他人的，把自己跟其他人的物品分开。

从物权意识到分享意识

分享意识的建立是一个漫长的过程，孩子要先弄清楚什么是“我的”，什么不是“我的”，然后才能在反复的社交活动中，逐渐体会到分享的快乐。3 岁前，他们还没有准备好分享，而是活在他们小小的自我世界里。在幼儿园的托班里，很少见到有两三个孩子一起玩的，他们都是“各自为政”，互不干涉，除非有其他小朋友侵犯他的领域或玩具。

孩子还不会主动与人分享是正常的，但这并不意味着父母就可以不用培养或引导他们的分享意识。

认识自己的物权

对于小孩子来说，从认物开始，就让他知道，家里什么东西是爸爸的，什么是妈妈的，什么是他自己的。爸爸妈妈的有些东西他是不可以随便动的，如爸爸的电脑、妈妈的包等。

孩子的东西也一样，没经过他允许，爸爸妈妈是不能把玩具随便给别人的。如果要用孩子的东西，最好征求他的同意："用你的小碗盛一下粥可以吗？""孩子，借你的红色彩笔给妈妈用一下，我要在书上做个记号。"即使是父母之间，要是也能注意这一点是最好的，比如妈妈要用爸爸的电脑，先打个招呼，孩子听着，就会觉得，有些东西是自己的，有些则是别人的，用别人东西之前打招呼是件很自然的事。

通过玩一玩买卖游戏，可以让孩子懂得买东西时的规矩，更明白一件东西怎样才能成为自己的。准备一些小纸片当作钱，几个空饮料瓶或几件玩具当作商品，让孩子扮成顾客买东西。在孩子买东西的时候，提醒他付钱。也可以让孩子扮成收银员，当你买东西时，主动把钱交给孩子。大一些的孩子就可以直接去超市实践，他可以将喜爱的东西放进自己的购物筐，但每一件东西都有价钱，妈妈把钱给收银员才能拿走，这些东西才能属于我们。

尊重别人的物权

尊重别人，自己首先要得到尊重。如果孩子发现他自己的东西，比如衣服、图书或者玩具被人粗暴地对待，他就不可能把自己的物品交出来，哪怕一小会儿。因此父母要尊重孩子的物权，他才能对周围的人产生信任感，帮助他更好地学习分享。到了孩子两三岁，就该让他懂得要尊重别人的物权，并认识“借”与“还”的概念了。

闹闹和壮壮经常串门，在他们两三岁的时候，串门并不是为了找小伙伴玩，而是去玩人家的玩具。开始的状况是一片混乱，通常以两个小家伙大哭大闹一拍两散而告终，并且很长一段时间不再串门，因为担心玩具的“安全”。

我开始进行一些尝试。闹闹来了，我就让壮壮自己分出来，哪些玩具是他的“宝贝”，不想给闹闹玩，哪些是可以让闹闹随便玩，甚至拿回家的。这招果然奏效。而且，一旦有了“规则”，闹闹也很配合，他会主动问：“壮哥，这是你的‘宝贝’吗？”孩子们其实是很守规则的，关键是你要先给他们定出来，并且是能让他们明白和接受的。

看到喜欢的玩具想拿回家玩，这就说到了“借”。刚开始当然是不肯借的，还也比较难。但有过几次“借”与“还”的经验，孩子们就会明白，借出去并非就成了对方的，玩具还是自己的，因为会还回来。对另一方而言，只有还回来，才有可能借新的玩具。所谓“有借有还，再借不难”，道理光凭讲是讲不明白的，生活经验才是最好的老师。

感受分享的快乐

小孩子都好“吃”，从吃来引导孩子分享很容易。

儿子一两岁的时候，家里经常会买一些质量比较好的水果、食品。高质高价是不可避免的。老人其实是好心，想帮我们省钱，就宣布：这些食物这么贵，只能给孩子一人吃。可偏偏有我们这种“不自觉”的父母，总是要吃老人心中那属于孩子的东西。在老人眼里“没出息”的行为，在儿子看来却挺开心，爸爸妈妈和自己吃一样的东西，一起评价“真好吃”，他会觉得找到了共鸣——小孩子都希望父母在任何一件事上能与自己共鸣。

其实很多孩子在“吃”这方面一开始是很大方的，会主动把食物给爸爸妈妈尝尝，也是希望有共鸣。

儿子吃到自认为很好的食物，伸出手让爸爸妈妈尝尝，而我们也从不客气。等到我们开始三口之家的生活之后，他就更是没有“独食”可吃了。有时，我们还会要求：“给妈妈吃一口。”或者跟他分：“咱俩一人一半。”这样，他会感觉到，家里人人都吃一样的东西是很正常的，而且好吃的可以分着吃，大家都高兴，对“分享”也有了简单的认识。

所以，不要强迫孩子去分享，分享应该是一件快乐的事。

在孩子还没有自觉自愿与人分享的意识形成之前，父母别为面子强迫孩子去分享，否则，孩子在尚未学习主张物权的时候就被强迫分享，很容易获得一种意识：自己的物权也是不能做主的。这样的话，长大后他们就可能变得不敢主张自己的正当权益。也不要为一个玩具、一块饼干就给孩子贴上“小气”“自私”“霸道”这样的标签，而要理解、接纳孩子此刻对于分享私人物品感到困难是正常的，耐心等待孩子逐渐成长，让分享变成一件他心甘情愿的事。

◇说　谎

还不到 3 岁，儿子就开始“胡说八道”了。

那天我去幼儿园接他，老师说他这一天吃得好、睡得好。回家路上，我有一搭没一搭地问他：“你午觉睡得香吗？”

他说：“没睡。”

有意思，跟老师说的不一样。

我又问：“没睡觉那你干什么了？”

“看小朋友睡觉。”

我有点儿晕……

回到家后，我又想起这事，再试着问问：“你今天睡午觉了吗？”

回答：“睡了。”

哈哈！把自己前面的话又忘了。典型的想象性说谎！

儿子从小不爱吃饺子，上幼儿园第一次吃饺子就“绝食抗议”，哭得泪人儿一般，好像受了多大的委屈。慢慢地情况有所好转。有一天，幼儿园又吃饺子，老师说，他吃得不多，但已经不再拒绝了。

回到家里我问他：“你今天吃饺子了吗？”

他说：“吃了。”

还没等我再问别的，突然又冒出一句：“哭了！饺子一来就哭了！”

哈哈！又是想象性说谎。

创造性的想象性说谎

两岁多的孩子都会这个，经常把自己想象的情形当成现实。所谓想象性说谎，就是因为3岁前的孩子还分不清想象与现实，往往即兴、随意地把自己听到的故事、看到的事物通过想象加工，套用到现实的人或事上去，出现没有逻辑、不真实的“谎言”。他们也可能把自己的愿望放到某件事情上，把本来不存在的事情说得跟真的一样，却又漏洞百出。他们的这种“谎言”没有明确的目的性，却很是富有幻想。

千万不能把这些小小的“谎言”当真，以为孩子不诚实，出现了道德问题。但又不能忽视，因为它们很多时候都反映出孩子的所思所想，可以说是了解孩子内心世界的通道。

像我儿子的这些小“谎言”就是既可笑又可爱。他是真的不愿意睡午觉，不愿意吃饺子。他想象中自己在面对这两个事物的时候就应该是他所描述的那样，但他又不能用行动反抗，只好过过嘴瘾。孩子的小心思，实在很可爱！

悦悦非常心仪雪儿的芭比娃娃，妈妈答应也会给她买一个。再看到雪儿抱着娃娃，悦悦就会说：“我有一个更大的芭比，穿着紫色的裙子，比你的漂亮。”雪儿居然就当真了，两个小姑娘热烈地描述着各自的芭比娃娃。

想象性说谎，顾名思义，就是必须有想象的成分。这是一种把想象的事用语言表达出来的过程，是一种具有“无中生有”的创造性思维的表现。

需要分辨的逃避性说谎

分清楚孩子的“真言”和“谎言”，还真是需要点儿功力，不能小看了孩子。心理学家做过实验，结果表明，孩子在 2 岁半到 3 岁时就会讲十分完整的谎言了。这个结论是不是有些令人震惊？但我们应该挖掘出“谎言”背后的秘密，知道了孩子为什么会说谎，才能不让说谎变成一种习惯。

孩子常见的说谎动机除了想象性说谎，还有可能是想逃避某件事，比如，想逃避妈妈的惩罚，逃避不想去做的事，或者只是为了引起大人的注意。所以，不想让孩子说谎，最好的办法就是让孩子感到没有说谎的必要。

想想我们会在什么情况下说谎，谎言通常就是我们给自己找的那条“退路”。

儿子走过食品店，总会说“饿了”，即使他刚刚吃过饭不久。我知道那一定不是“饿了”，而是“馋了”。他知道我限制他吃太多零食，但又抵挡不住美食的诱惑，就编出个“名正言顺”的理由。如果我就此批评他撒谎，他会觉得很无辜，因为他根本不知道撒谎是什么意思。而且孩子往往会陷入自己的“谎言”，他会越来越坚定地认为自己就是饿了，而妈妈不但“狠心”地饿着他，还要批评他。顺着这个思维，他的“谎言”只会越编越多。所以，每每遇到这样的情况，我都会直接告诉他：“你想吃那个派了，对不对？但是你并不是很饿吧？想吃就直接说想吃。”然后我们可以商量到底要不要吃。

少一些责备，多一些理解和理性的分析，允许孩子把他的任何想法直接表达出来，就会让孩子少一次“说谎”的机会。

孩子的有些“谎言”还是父母逼出来的。你不想让他把玩具拆了，他却偷偷拆得七零八落，你明知是他干的，却故意问：“这是谁干的？是不是你？”孩子不可能比大人“狡猾”，这样的问法很容易让他心存侥幸而信口胡编。孩子做了让父母不能接受的事，父母就应该明白地告诉他，而不要兜什么圈子。这种态度对孩子来说是一种启发，能够鼓励他在闯祸、犯错误的时候，自己说出来，而不是被逼着认错，那样会让他为了维护自尊而说谎。

要不要“揭穿”孩子的谎言

朋友的小女儿给自己想象出一个好朋友，还有声有色地告诉爸爸妈妈，她们俩是怎么玩的；儿子经常向我汇报，他今天跟某个玩具“朋友”都聊了些什么。像这样富有想象力的“谎言”，不仅不应该揭穿，还应该多多鼓励，因为这说明孩子的思维能力在发展，想象就是一种创造性思维。

两岁半的天天不肯在卧室睡觉，他说：“卧室里到处都是天线宝宝。”妈妈很奇怪：“怎么可能？这么小就说瞎话。”爸爸却问天天：“天线宝宝在哪儿？告诉爸爸，我们一起把它们赶出去！”于是，上演了一出父子“大战”天线宝宝的好戏。他们搜寻想象中的天线宝宝，拉它们出去，跟它们搏斗……爸爸不断地引导天天把故事编下去。最后，卧室里所有的天线宝宝都被“赶”出去，天天又可以安心地睡觉了。

第二天，天天还绘声绘色地给奶奶讲了他跟天线宝宝的故事，晚上又对爸爸说：“天线宝宝今天不敢来了。”

不必担心孩子会一直沉溺于这种假想的故事中，随着心智发育的成熟，总有一天他们会明白，这个世界上没有真正的圣诞老人，天线宝宝和恐龙也不可能进入他们的家，但是，在童年时代，如果父母引导得当，一个小小的“谎言”也能迸发出智慧的火花。同时，当孩子犯错的时候，我们也要跟孩子坦诚相待，把事情摆在桌面上说开了，孩子可能就不会因为怕责罚而说谎了。

◇ 惩　罚

我曾经天真地以为，这年头很少会有父母舍得打孩子了。可是，在一次与网友的见面会上，不知怎么就聊到了这个话题，这才惊觉：原来打孩子依然是许多父母“管教”孩子的法宝。

我们这一代的确是被打大的。小时候，谁家父母不打孩子？没有哪个孩子会不犯错，而犯错后被惩罚也是应该的。在我们的传统教育中，“打”似乎是一种最有效、最天经地义的惩罚方式——且不说以前私塾里老先生的戒尺，在廖信忠写的那本《我们台湾这些年》中我们会看到，即使现代的中国台湾，学校对学生进行体罚也是比较普遍的。

“不打不成才”“棍棒底下出孝子”，是我们父母那一辈的经典教育语录。可我却总是质疑它的实际效果。因为无论从哪个角度来讲，“打”都是一种暴力行为，而暴力的后果有时是施暴者自己都想象不到的。虽然对于某些孩子而言，某些时候打一次会让他记住永远不要再犯这个错，但在我们的童年记忆中，总会有那么一两个抗“打”能力随着年龄增长，越打越强的调皮男生，甚至他们的父母到后来会放弃对他们的管教。

那么，打孩子究竟管不管用呢？

“打”与“挨打”的心态

想想我们在什么情况下会打孩子？一是气急败坏，怒火中烧，被孩子无限度地挑战底线之时；二是除了打无计可施，既讲不出什么大道理，也拿不出更有效的办法管孩子，“打”就成了家常便饭。也就是说，打孩子的时候，我们的情绪往往处于失控或者无奈的边缘，害怕事情没按自己的既定目标发展，害怕失去控制。但这些都无法掩饰我们此时内心的脆弱，很多父母其实心知肚明，自己之所以动手是因为已经“没招儿”了！只不过，为了维护自身权威，必须有所行动。

请再回过头来想想我们童年挨打的经历，是否感到深深的恐惧？闭上眼睛回忆当时的心情——觉得不公平、没面子、愤怒……反正不会有什么好心情！为了避免皮肉之苦，我们可能很快就承认错误，遵从父母的命令，但我们其实也很清楚，这是因为恐惧，而不是真正地信服。所以，我们很容易“好了伤疤忘了疼”，再一次被“逮到”，再一次挨打。而那些自尊心很强的孩子，之所以能挨一次打就记住，是因为恐惧、自责、羞辱这些负面情绪纠结在一起，令他们感到无力承受，要么从此不再犯同样的错，要么想办法避免在下次犯错时被“逮到”。

如此看来，无论是“打”人的父母，还是“挨打”的孩子，都要背负种种负面心理。打孩子虽然是最迅速见效的惩罚手段，但它不可能从根本上解决实际问题，反而会造成一些负效应，让孩子失去自尊、怨恨父母，而非自我改进。

惩罚的目的是要让孩子认识到错误，并自觉改正。“打”这一惩罚手段使用不当，这个目的是很难达到的。

打出惯性，越打越皮

3 岁的小宇是个调皮大王，家里总是被他折腾得天翻地覆。他上床，被子、枕头很快就会跑到地上；他在客厅，一会儿工夫就能玩出空间大挪移；锅盖盖在马桶上，卫生纸又被扯进厨房里……全家人跟在他屁股后面永远收拾不过来，于是乎，挨打就成了小宇的家常便饭。可一提打孩子，小宇妈更是气不打一处来：“越打越皮！你打他，他还笑，一点儿不知悔改。”

对待小宇这样的“小魔头”,“打”几乎成为父母唯一的惩罚手段，因为只有这样才能迅速制止孩子的顽劣行为。你跟他讲道理、冲他大喊大叫、夺下他手里的东西都没用，一个巴掌上去，无论换来一场大哭还是一句苍白无力的“妈妈，我再也不敢了”，你都会在出手的那一刹那占上风。

但你想没想过，相同的桥段有可能在明天、后天再次上演？你的孩子顽劣依旧，而你也打习惯了，孩子稍有不对，抬手便打。“打”的效应越来越差，孩子只会越来越皮——反正你就这么两下子，他很快就能看穿，你实际上对他无能为力。小时候挨打大哭大闹，再长大一些，他还有可能跳起来跟你作对！

以暴制暴的恶性循环

果果才两岁多，却不能跟任何一个小朋友和平相处，抢玩具、推人、一句话不对付就出手；在狂跑的过程中撞人；看见相熟的小朋友猛冲过去紧紧拥抱，结果把小朋友都弄吐了……上了两个星期幼儿园，老师就不得不请果果家长，因为他的攻击性实在太强。

果果妈很无奈，一批评他打人不对，他就特别诚恳地表态“再也不了”，但也许这句话说过还没两分钟，旁边一个小朋友碰一下果果，他抬手就是一巴掌。果果爸认为，两岁就成小霸王，这样的儿子必须严加管教，所以果果几乎天天挨揍。但吃了无数“堑”，果果也没长一“智”，甚至在挨揍的时候呵呵笑，气得老爸七窍生烟！

其实，果果的父母都明白，儿子之所以有较强的攻击性，与他过剩的精力很有关系。他天生就要比其他孩子好动、好斗，但总不能放任他的行为吧？除了打，他们想不出更好的办法。

但是他们不知道，“打”反而助长了果果的攻击行为。“以暴制暴”是种很可怕的思维模式。很多孩子在第一次打人后就被父母“打”，这会使他产生一种错误的认识——打人与被打都是正常的。长此以往，孩子会把“打”作为对付他不喜欢的人和事的一种处理方法，而习惯于采用攻击性行为。

打一顿不如让孩子承担后果

龙龙是个气性很大的孩子，脾气一上来，就爱拿身边的物品或者离他最近的那个人出气，就是当时那一下怎么解恨怎么来。父母在他每次大发雷霆的时候都会厉声制止。如果他损坏了家里的东西，挨一顿打是难免的。龙龙爸认为，这样的孩子必须严加管教，这么小就有如此强的破坏力，长大还不得造反！

但是，现在龙龙已经快 5 岁了，照样一生气就摔东西、打人，一点儿改正的迹象都没有。龙龙妈经常为儿子抱屈：“白挨了那么多打，你怎么就是记不住呢？”

挨打有时会让孩子莫名其妙——我本来就很生气，你居然还打我！这种气性大的孩子很容易对父母心生怨恨。

在儿童教育学中，有一种对孩子进行行为指导的“结果法”。就是让孩子预知结果，并为结果承担相应的责任，以此来帮助孩子建立起内在的自我约束机制和自我价值感。因为它是建立在交流和选择的基础之上的，儿童教育专家普遍认为，它会比惩罚更有效。

结果法有两种情况，一种是行为产生的自然结果，不是成人强加的，而是自然赋予的——不吃饭即挨饿；不穿合适的鞋，结果是脚不舒服。它不宜用于没有明显效果的事，比如不刷牙、吃零食等。因为牙不可能一夜之间就变坏，这个结果是孩子不能在短时间内体验到的。

第二种是逻辑结果。这个结果是从错误行为中延伸出来，是父母规定或与孩子协商好的。运用时要注意，结果与行为一定是相关的、合理的，要提前告知，有约定。

把结果法用在龙龙身上是最合适的。龙龙的行为完全是一种情绪发泄，其结果也是可以预见的。父母可以提前告知："如果你把玩具摔得满屋子都是，我会让你一个一个全部收拾好。"孩子第一次听到这句叮嘱很容易就把它抛到九霄云外，一发脾气照样乱摔一气。这时，不用打他，而是用冷静而坚定的口吻让他把玩具收拾好。破坏了什么就收拾好什么，他才会知道应该为行为本身承担什么样的后果。

打过，就别后悔

颖儿妈自己脾气大，一遇到颖儿不听话就控制不住火气，颖儿挨打也就成了常事。亲朋好友经常劝她——女孩子不能这样打！都说打孩子，是打在儿身，痛在娘心。哪有不心疼的？而且，颖儿妈很清楚自己的脾气，打过之后往往后悔，颖儿还没来得及承认错误，她就不由自主地为女儿开脱起来："要不是依依非要你的玩具，你才不会跟她争呢。"更多的时候是一边给女儿擦着眼泪，一边不住声地道歉："妈妈不好，不该发脾气打人。不哭了，我们明天就去买那个芭比娃娃！"

很明显，颖儿妈在打过女儿之后就忘了为什么打女儿，而颖儿也会因为妈妈的这些话，把自己的错误归到别人身上。这是最糟糕的事，父母的悔过无疑给了孩子一个错误信息——我本身是没有错的，也不会有错。父母的道歉说明他们自己内心不安，他们总说自己脾气不好，这都不是我的错误惹出来的，而是他们本身不好。当这样的心理形成之后，孩子还有可能轻视父母，把父母的管教不当回事，并且开始顶撞父母。

如果你是在盛怒之下打了孩子，而孩子本身的行为可能还没到挨打的"级别"，你可以诚恳地向孩子道歉，但要解释清楚为什么。为什么自己的脾气这么大？为什么对孩子的错误非常生气？以后怎样避免这样的事再发生？这才是解决问题的态度，而不是对孩子进行单纯的情绪发泄。

"打"与"不打"的原则

我是从小几乎没挨过打的孩子，不是因为我很乖，而是因为我的父母不愿打。在我的记忆中，只被打过一次，很轻，却让我永远记住了。那是一次考试后，我的成绩不理想，没有好好反省为什么没考好，却理直气壮地对父亲说："好多人都比我考得差！"父亲二话不说就给了我一巴掌，然后说："这一巴掌是让你记住，不要跟比自己差的人比，那样你只会越来越差。”与其说我记住了那次打，不如说是记住了这句话。父亲把他认为最重要的一条人生准则以这样的方式输入我的思想，在一定程度上也影响了我现在的人生观。

“打”不是绝对不可以，而是要“打”得值，要有原则。

“打”的原则

1. 当孩子的言行有突破道德底线、影响他人生观和价值观的趋势时。

2. 父母事先一再强调，并已经得到孩子认可的规则规范，孩子却不遵守，依然我行我素时。

3. 孩子的行为有危险性，又因为太小听不懂父母的解释时。

4. 抓现行，不宜“秋后算账”。

5. 不用工具只用手，父母和孩子一样能感受到疼。

6. 打几下，起到警示作用即可。

7. 打的力度以能感觉到疼，但又不至于疼得受不了为界。

8. 不在人前打孩子。

9. 不经常打，最好在打之前跟孩子说明为什么要打他。

10. 打过之后要和孩子一起反思他的错误。

“不打”的原则

1. 父母自己感觉难以控制情绪、暴怒的时候。

2. 不能以父母的心情作为打孩子的“晴雨表”。心情好，孩子犯错也不打；心情不好，一点儿小错也会打。

3. 不以“打你是为你好”作为打孩子的理由。

4. 不可以对孩子施以拳打脚踢式的暴力行为。

5. 父母跟孩子犯同样的错误，就没有权力因为这个错误而打孩子。

6. 不能只以“听不听话”作为打与不打的标准。

儿子从小到大没挨过打，有一天放学回来跟我们聊起他与同学的对话——

同学：“你妈打你吗？”

儿子：“不打。”

同学：“你爸呢？”

儿子：“也不打。”

同学：“怎么会有这样的奇葩家长？”

儿子问我们为什么不打他，我说：“因为我们是文明人，文明的标志之一就是不靠武力解决问题，而是智力。”所以，我宁愿做这样的“奇葩”。

◇ 爱　哭

儿子平生第一次坐飞机就给了我个“下马威”。那时他刚刚 1 岁多，上了飞机就有些紧张，随即便是一场极其惨烈的大哭——任何人、任何事都不能让他安静下来，而飞机就要起飞，空姐急得一头汗，周围有些乘客已经表现出极大的不耐烦……

我们总会遭遇这样的尴尬时刻，原本很招人疼的宝贝在大庭广众之下却不给“面子”，为了一点儿小事，或者干脆无缘无故就哭个不停，吵得人仰马翻不说，还可能令正在进行的活动就此打住，给别人无端增添麻烦。

其实孩子的哭看似莫名其妙，却有他们的道理，只不过作为成人的我们不太理解而已。所以，只要找出哭的原因，怎样“止哭”或者避免哭，也就迎刃而解了。

哭，即哭诉

我有一个爱哭的儿子，摔疼了、碰伤了未必哭，但心情不爽是一定要哭的，这口气顺不过来，想起来就会哭一哭。

哭是很多孩子情绪宣泄的主要途径。

小时候语言能力有限，哭一哭大人还能理解，可长大一些是不是就不该哭了？总哭鼻子多没出息！我特别欣赏一部叫《头脑特工队》的动画片，它就像一部心理教学片，告诉我们所有人都有几种最基本的情绪，无论喜悦、快乐还是愤怒、悲伤，都不是错，都是正常的。而哭，就是表达情绪的一种方式。

父母面对一个哭哭啼啼的孩子会很心烦，可你们知道孩子当时的心理吗？

我小时候就是个特别能哭的孩子，照老人的说法是“往死里哭”。为一件不如意的事，哭个把钟头很平常。大人们总是先哄，然后再骂，最后就是不理不睬。他们以为我哭累了就会自动停止，其实他们永远都不了解我的整个心路历程。

开始我是真为那件惹哭我的事哇哇大哭；后来发现大人的话根本化解不了我内心的痛苦，就变成了悲啼；再后来，无人问津了，如果立刻停止哭，我会觉得很没面子，所以接着抽泣。我的心里很堵，而哭着、这么胡思乱想着，慢慢就不那么堵了，自然就会停止哭泣。

即使长大成人后，这种感觉也是有的。哭，是一种情绪发泄的渠道，要不人们为什么总说“哭出来就好了”呢？

哭，是孩子的权利

当孩子痛哭不已的时候，父母只要表现出关切就足以让孩子感到爱与温暖。

再回到我儿子第一次坐飞机的情景。他哭，是因为小孩子都不喜欢密闭的环境，更何况这里面还“塞”满了一张张陌生的面孔。如果我们初到一个新环境，面见一个新上司，是不是多多少少都会有些紧张？只不过，我们会隐藏自己的内心，而不像孩子那样直接哭出来。

怕生也是大多数孩子都会经历的一个阶段。在狼狈不堪的飞机上，我并没有大声斥责儿子：“别哭了！”也绝不会像一旁有人说的那样：“打两巴掌他就老实了。”因为这根本不是问题的实质，在他怕的时候，最亲爱的妈妈还要惩罚他，这是多么不公平啊！

但是，妈妈也不能完全不作为，而让孩子没完没了地哭下去，毕竟他影响了整个机舱里乘客的安宁。因为大家都希望他很快地止住哭声，所以几乎所有的空姐都来哄他，只有一位已经做了妈妈的空姐说：“这时候的孩子最怕生，都别理他了，让他自己安静待会儿。”果然，又过了一阵子，儿子渐渐停止了哭泣。

孩子哭的时候我们都会犯一个错误，就是一拥而上、想方设法让他不哭，而事实是，当一个人心情焦虑不安的时候，他最需要的是冷静，是安抚，让他感知到周遭没有不安全因素，自然也就没什么可哭的了。

发现孩子有情绪的时候，不妨直接说出你的观察——“你的眼眶红了”或者“你是不是想哭一哭，会舒服一些”，孩子的眼泪可能立刻就夺眶而出。我就发现儿子哭的时机，往往不是某个诱因最关键的时刻，而是我安抚他的时候。因为他感受到了理解和宽容，可以放下所有的戒备，尽情发泄内心的情绪。哭过之后，也许你不用细究因由，孩子的心灵已经过一个净化的过程，即使有个小小伤口在心中，也会自然痊愈。

有些时候，孩子会把一些不快埋藏在心里，不想让别人知道，这是种非常微妙的小心思。当孩子明明遇到了一些事，却表现得异常平静，敏感的父母应该能预见，平静的内里可能是惊涛骇浪。

儿子3岁那年暑假，我们把他一个人放在爷爷奶奶家一个月，他每天都超级乖，让爷爷奶奶无比疼爱，还一个劲儿地对我说：“你看他没事吧？有什么不放心的。”但是，我却能感觉到他的内心和外在表现并不一致。我去接他，一见面，他并没有如我想象中那样扑过来，反倒有一点儿矜持。奶奶开玩笑地说了一句：“你不回北京了？”他才哇的一声大哭起来，这场哭，哭得全家老少心里发毛。我知道，这口气终于发出来了。这一个月，他既要努力做爷爷奶奶的“好孩子”，又要纠结爸爸妈妈会不会永远把他留在那里——虽然我每天打电话都强调会去接他，但对一个3岁的孩子来说，等待确实太过漫长。

哭，不是解决问题的办法

孩子心情不好、身体不舒服的时候，哭一哭未必是坏事，但孩子太聪明了，他们很快就发现，哭也可以成为一种“手段”。

我们经常会在商场的玩具区看到哭泣的孩子，要么大哭大闹，要么抽抽搭搭，反正就是想要某个玩具；还有游乐场里玩在兴头的孩子，想让他回家，他也会这么哭闹。而一旁的爸爸妈妈要么坚持到底，让大家都来见识父母的强硬和孩子的蛮不讲理；要么趁早妥协，结束这不堪的一幕。

孩子知道，这类哭法通常比较奏效，因为他已经明白了，父母顾及面子，只要他在公共场合一哭，就很有可能满足他的一切要求。只要有一次哭闹达到目的的体验，他就会将在公共场所哭闹作为要挟父母的有力武器。

父母最好的办法是打“预防针”，出门前就说好，今天去买什么，一次只能买一件玩具，什么零食绝对不可以买，今天玩到什么时间……越具体越好，然后与孩子约定，最好有个拉拉钩之类的小游戏，以强化他对这些承诺的意识。

但是，不要奢望孩子一次就能做到言出必行，他们会被琳琅满目的玩具、糖果诱惑，会“疯”过了头，父母需要适时提醒他们，比如，进商场之前再强调一遍今天的约定，看到孩子玩得太疯叫他过来喝点水，安静一小会儿，再告诉他天快黑了，我们再过 10 分钟就得回家。如果孩子哭闹，也要坚持原则，一定说到做到。孩子第一次履行了承诺，最好有个小小的奖励。

不过，有些时候我们还是要留心观察一下，孩子是不是心情不好才变得特别任性。比如他就是想玩那个秋千，可怎么也轮不到他，当你非要带他走的时候，所有的委屈和不满就有可能在那一瞬间爆发，他会哭闹着就是不走。这时，就该给孩子选择的余地，明天再来玩或者回家跟爸爸妈妈玩个类似的游戏。适当的退让不是不可以，原则是要让孩子明白，你理解他的心情，但你有底线，比如，再等 5 分钟，而不是一直等到天黑。

从一开始就要让孩子明白：你哭，我会安抚你，但哭解决不了任何问题。我总是一边搂着儿子给他擦眼泪，一边在他耳边轻声说："哭吧哭吧，哭完了我们再说。"这个理念的传达，还会让小时候爱哭的孩子，随着成长中各方面能力和认知的增强而越来越少用哭来表达情绪。因为他知道，哭完了，该承担的责任还得承担，该面对的难题也要面对。但，哭一哭心情会舒畅一些，他会从情绪激动变得冷静，会更容易想出解决方案。

哭，就是一种正常的情绪表达方式，不值得表扬也不值得批评，更不至于跟"懦弱"画等号。孩子语言表达能力和认知能力发展有限，该哭的时候不让他哭，对于父母来说省了眼前的麻烦，对孩子的心理发展来说，却不是什么好事。

第四章
PART
4

爱上学习的起跑点

孩子天生会学习吗？

会，而且能够学得很好！

孩子天生具有主动学习的欲望和能力。在他们的眼里，学习是无目的的，是有无限的可能性的，是可以以自己的方式加以探索和控制的。

只不过，孩子是通过自由游戏学会学习，而不是来完成父母安排的学习任务。他们在游戏中认识外部环境，并从环境中获得信息以适合他已建立的功能认知水平。

蒙台梭利相信，没有一个人是由别人教育出来的，他必须自己教育自己。在童年早期，教育的目的不是将一些经过选择的事塞给孩子，而是培养其自发的学习欲望。而这一点是当今许多父母都没有充分认识到的。

◇ 敏感期，让学习事半功倍

孩子在不同阶段会出现不同的“问题”，比如我儿子一两岁时特别顽固；3 岁变“话痨”；4 岁热衷于各种运动，而身上经常青一块、紫一块；5 岁开始讲小朋友之间的“八卦”……而且多数问题都是我还在伤脑筋怎么解决，他就自然终结，我这才恍然大悟：哦，敏感期！

当一个孩子想要走路的时候，谁也挡不住他跌跌撞撞的脚步；当他突然间爱上说话时，你会觉得他的声音无处不在；你担心他把细小的物品放进嘴里时，他却偏偏酷爱抠毛绒玩具的眼睛、拧你身上的扣子……

细心的父母一定会发现，孩子总在某段时期对某件事产生浓厚的兴趣，乐于重复不断地做同一件事，或者只钟情于某类事物。蒙台梭利告诉我们，这种特殊的时期就是所谓的“敏感期”。

什么是敏感期

敏感期是指孩子发展过程中某个时期，对环境中某种事物的感受性极其敏锐，产生不可抗拒的冲动，同时其器官技能也获得积极发展。

蒙台梭利通过和婴幼儿的互动与观察，发现婴幼儿拥有这种特殊的敏感性，但这是一种短暂的倾向，仅限于获取某一种特定的性质，一旦具有这项特质后，这种特殊的敏感性就会消失。也就是说，婴幼儿在成长过程中，某一段特定时期内，只对环境中的某项物质专心而拒绝接受其他物质，而其目的是为建构自身的某种能力。

敏感期对学习有何意义

蒙台梭利发现，在敏感期内，孩子会毫无理由地“对某种行为产生强烈的兴趣而不厌其烦地重复，一直到最后因为这种重复突然爆发出某种新机能为止”。这表明，婴幼儿某个特定的敏感期也是学习某种特定技能的最佳年龄。因为孩子对特定事物敏感，便于不费力气地增长能力，这时的学习是最容易的。敏感期一旦消失，则不会再度出现，以后加倍努力，才能达到满意的效果。因此，蒙台梭利说：“如果没有自由的保障，或妥善地维护环境，则宝贵的敏感期就在未成熟的状态下稍纵即逝。”

父母如果在孩子的某个敏感期里，适当给予一些帮助，而且善于利用这个时期，那么，孩子在这方面的学习将出现事半功倍的效果。相反，如果在任何敏感期，孩子的兴趣遭到妨碍而无法发展，就会丧失以自然的方式来学习的机会。

6 岁前会出现哪些敏感期

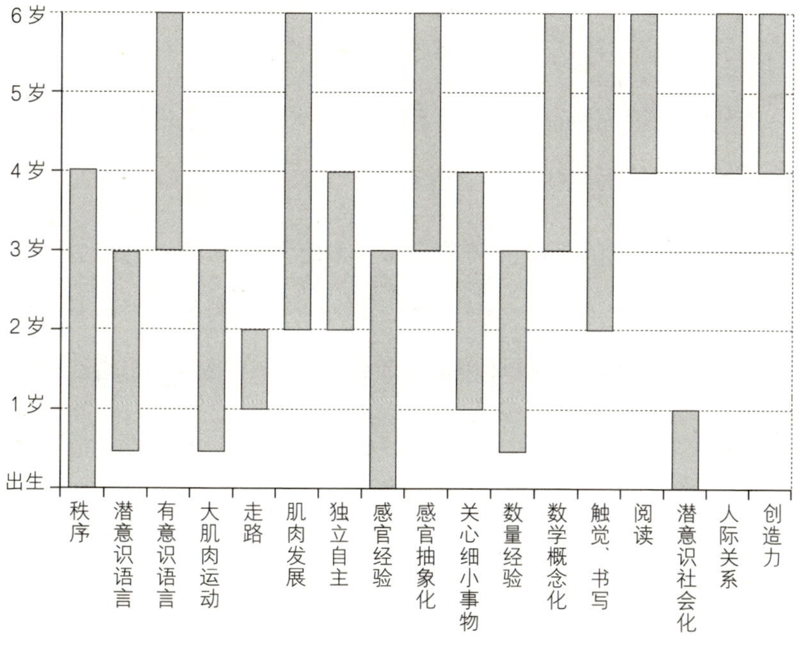

怎样抓住敏感期

尽管错过了学习的敏感期并不意味着孩子将永远无法学会某项特定的技能，但孩子在将来要学会这项特殊技能可能需要耗费更多的时间，付出更多的努力。这无疑将拉长学习的进程，放慢学习的速度，因此，我们还是要努力抓住敏感期。

秩序敏感期 VS 数学心智

之所以出现秩序敏感期，是由于孩子急切需要一个精确而有所规定的环境，只有在这样的环境中，他们才能将自己的知觉归类，然后形成概念，以了解环境并知道如何对待环境。儿童期数学心智有两个最显著的表现：一个是秩序感，另一个是精确性。孩子对秩序敏锐的感受性和精确的结构性，就是数学心智的一种表现。

因此给孩子一种有秩序的生活不仅仅能稳定孩子的情绪，建立良好的生活规律，还有助于孩子未来的学习。

时间环境、空间环境的布置都要有助于孩子秩序感的建立，孩子才会理解事物间的时间、空间关系，以及对物体进行分类，并找出它们之间的关系。当孩子从环境里逐步建立起内在秩序时，智能也因而逐步建构。

父母策略

- 父母对孩子要严守约定，答应的事必须做到，尊重儿童精神上的秩序感。

- 孩子自己用的物品、玩具要放在固定的地点，并交给他自行保管。

- 养成有序的生活作息规律，并确定一些必要的步骤。

动作敏感期 VS 探索

动作发展主要包括两大领域，一个是身体运动，以走路为重要标志；另一个是手的动作。

蒙台梭利说："学会独立行走，是人的第二次降生。"孩子独立活动的空间从此大大扩展，可以自己支配自己的身体走到任何他感兴趣的地方，探索的范围便扩大了。手的动作是伴随着走路而发展的。孩子走到哪里，手就抓到哪里。手是孩子最好的老师，孩子的学习是通过手来进行和获得的。手连着大脑，手的活动又受大脑的支配，所以说"智慧就在手指尖上"。孩子所有的动作、行动，都与正在进行的智能活动有密不可分的关系。

父母策略

- 尊重孩子的成长规律，帮助孩子学会爬、站、走等动作。
- 鼓励孩子通过自己吃饭、穿脱衣服等自我服务，来发展手的动作，建立肌肉协调能力。
- 给孩子一个自由探索的安全环境。

语言敏感期 VS 语言和阅读

语言能力分为口头语言能力和文字语言能力。3 岁以前是口头语言的敏感期，3 岁以后会出现书写、阅读等对文字语言的兴趣。

语言的发展有其规律性

0 ~ 1 岁是前语言时期，孩子从爱听到听懂。

1 ~ 3 岁是语言期，其中 1 ~ 2 岁的孩子能用只言片语表达自己的意思。

2 岁以后孩子进入语言的爆发期，一下子词汇量大增，不但会自言自语，而且会模仿成人说话。

在语言爆发期阶段，孩子是先吸收，后表达。重视孩子的语言发展就要重视在这个阶段给孩子提供良好的语言环境，这是引导孩子进入阅读的最佳时期。

父母策略

- 给予孩子充足的机会去吸吮和咀嚼，并常常陪孩子面对面说话。
- 对孩子说话要慢，嘴形明确，语音清楚。
- 让孩子处于充满成人沟通的语言环境中，且不厌其烦地说给孩子听。
- 避免模仿孩子错误的语句，而是教给他正确的说法。

感觉敏感期 VS 吸收的心智

感觉是智慧的基础，思维的发展建立在感觉之上，没有感觉，就谈不上思维。人要靠感觉去吸收外界信息刺激，然后才能建构起思维。

孩子一出生，感觉器官就开始感知、吸收周围环境中的信息。孩子有视觉、味觉、嗅觉、触觉和听觉等基本的感觉能力。这就决定了孩子可以依靠这些能力接收环境中的信息。

所谓孩子“吸收的心智”，就是指作用于孩子身体各个感官的刺激，如颜色、形状、大小、声音等，通过感官的传导，输送到大脑。吸收的东西会在大脑中留下痕迹。孩子生活在一个丰富的环境中，就会感受这个环境，默默地吸取周围环境中的信息。

父母策略

- 从一出生就给予孩子丰富但有度的视、听刺激。
- 多抚摸孩子，给予充分的肌肤刺激。
- 鼓励孩子通过尝、闻、摸、听等，感觉某件东西的味道、质地、声音等特性。

对细小物体关注的敏感期 VS 观察力

1 岁多的孩子对小的东西特别感兴趣，这是因为孩子的视野和成人的不一样。成人视野是开放的，孩子则会关注细枝末节。孩子不会毫无缘由地去做任何事情，所以当他集中注意力，观察细微事物时，表现了他对事物的热爱与理解。

孩子对细小物体的关注其实就是观察力发展的开始。在这个敏感期内，由于孩子喜欢观察细小事物，所以他们会逐渐发现物与物之间的差异性及特质，会喜欢进行感官上的探索、辨别。

父母策略

- 按照孩子的能力，提供自由探索的机会。
- 让孩子进行实物的分类、配对、排序、比较等活动。

◇ 注意力：打开学习的一扇门

跟所有妈妈一样，每当看到儿子聚精会神地看一本书时，我心甚慰；而当他做事左顾右盼，眼神飘忽时，我就开始心里打鼓，断然爆出“金句”：“注意力要集中！”

从上学的第一天起，“集中注意力”就是老师、家长时时叮嘱孩子的一条“纪律”。注意力在学习的过程中有着至关重要的作用。如果做不到“集中”，学习就是事倍功半。可是，别说还没上学的孩子，就算上了学，我们也常常很茫然——这“注意力”怎么“集中”呢？

注意力对学习的意义

俄国教育家乌申斯基说过：“注意就是一扇门，一切由外部世界进入人的灵魂的东西都要通过这扇门。”注意力是指儿童能够把视觉、听觉、触觉等感官集中在某一事物上，从而认识该事物的能力。

注意并不是一个独立的心理过程，它是和感知、观察、记忆、思维、想象等智力活动同时发生的，它是最基本的适应环境的能力，是一切学习的开始，引导孩子了解更多事物。

有一个心理学实验，让学生用两种不同的态度学习 12 个无意义的音节。一种是注意学习，一般学习 10 次就可以全部掌握这些音节；另一种是随便看看，并不注意学习，就得需要 100 次才能全部学会。由此可见，注意对于学习具有十分重要的意义。

当孩子集中注意进行各种智力活动时，他们的观察准确细致、记忆正确牢固、解答问题迅速，活动效果就好。所以，孩子获得各种知识、发展智力，离不开注意力的培养。

孩子注意力发展的两个特点

你是不是也会抱怨："孩子看书总是没几分钟就跑了，一点儿都坐不住。"有的孩子很容易就被其他孩子或者教室里的物品吸引走，爸爸妈妈看着直发愁：这孩子的注意力也太不集中了！其实，孩子的注意力跟大人的不一样。

1. 保持注意的时间较短，且不稳定

研究显示，孩子年龄越小，注意力集中的时间越短：2 岁的儿童，平均注意力集中的时间长度为 7 分钟，3 岁为 9 分钟，4 岁为 12

分钟，5 岁为 14 分钟。因此，我们对于孩子，特别是 3 岁以前的孩子，不能苛求保持很长时间的注意力。

而且每个孩子注意力集中的时间长短也有很大的个体差异，一般而言，会随着年龄、发育情况及个别差异而有所不同，年龄越大，注意力持续的时间也会相应地增加。

婴幼儿的注意力不容易持续太久，也很容易受外部环境的影响被转移开来，自我控制能力较差，常因个人需要和兴趣而转移注意。所以，父母千万不要苛求年幼的孩子长时间专注地做一件事，那对于他们来说，基本上是不可能完成的任务。

2. 以无意注意为主，有意注意刚刚萌芽

注意有两种：无意注意和有意注意。

正在吃奶的孩子，如果在他眼前晃动一个物体，他就会转头或用目光追随，甚至忘记了吃奶。这种没有目的、不需意志努力的注意，就是无意注意。

孩子和妈妈一起装饰圣诞树，一丝不苟地往树上挂各种挂饰。爸爸端来点心让他歇歇，可他一点儿都不领情，非要干完了再吃。这种按照一定的目的、要求或任务，通过个人的努力进行的注意，即有意注意。

婴幼儿期的注意以无意注意为主，有意注意很不稳定。同时，由于语言的发展，孩子的注意也开始能服从成人提出的活动任务，因而

出现了有意注意的萌芽。当孩子集中注意搭积木时，突然听到电视的声音，就跑去看电视，有意注意就转化成无意注意；孩子被电视节目吸引，聚精会神地看进去了，此时，无意注意转化为有意注意。由于两种注意形式在一定条件下可以互相转化，因此，家长完全可以训练和培养孩子的注意力。

培养注意力的 3 个原则

虽然孩子的注意力具有以上特点，但这并不意味着我们就可以任由它自然发展。我们要做的，是给孩子营造一个能够专心做事的环境，培养他专注地做好正在做的每一件小事。

1. 少去打扰独自玩耍的孩子

当孩子独自玩耍的时候，有些家长，尤其是老人，常常会感到不安，好像让孩子一个人玩儿就没有尽到看护的责任。我就见到过一个小男孩在努力地学习自己荡起秋千，可想而知，那时他的注意力都集中在这件事上。可奶奶却一会儿往他嘴里塞块水果，一会儿又问他要不要喝水，小男孩几乎是“气急败坏”地冲奶奶大叫，奶奶也很生气、很委屈，自己明明是在关爱孙子，他却这么不懂事，都是平时惯坏了！

我们身边充满了这种因为成人对儿童心理不了解而造成的冲突，并且往往会怪罪于孩子。这位奶奶没有意识到，她的“关爱行为”实际上是在打扰孩子专注地自学一种新本领。很多孩子上学后注意力易分散，无法专注地学习，都是缘于童年早期的独立探索行为总是被这样无知地打断。

当孩子集中注意力于某件事或某个活动时，除非他需要，家长应尽可能少指手画脚、插嘴或是打断他，以免分散孩子的注意力。

2. 从孩子的兴趣出发

任何学习，最重要的是兴趣。凡是孩子有兴趣的事物，都能吸引他的注意。如果孩子没兴趣，动力就会不足，当然也就不能专注了。

孩子的注意一旦集中在某个感兴趣的点上，就会心无旁骛。有些国家会对司机提醒，看到一个球飞过马路，就要当心后面可能会跟着跑过来一个孩子。孩子为了追球，会把注意力全放在球上，而忘了要留意过往车辆。如果把孩子的这一特性在学习时巧妙利用，学习效果一定很明显。

一般来说，一切新奇的、变化的、相对强烈的刺激都容易吸引儿童的注意力，它们具备以下因素：

- 色彩鲜亮。
- 体积或面积比较大。
- 活动的。
- 能发出比较大而清楚的声音。

对于孩子提不起兴趣的事物，也并非完全就不能让他接受，可以做一些变通来吸引孩子的注意。比如，我们想让孩子认识形状，但他对你摆在面前的各种形状的积木块看了又看，依旧选择玩自己的小汽车。那就把积木收起来，和孩子一起玩小汽车：小车的轮子是圆形的，所以能滚动起来；车窗是长方形的，看起来很齐整……

3. 尊重孩子的发展和需求

注意的发展是一个渐进的过程，应根据孩子的发展水平和特点循序渐进地培养，不要急于求成。

父母不能以自己的主观喜好替代孩子的爱好。有些父母很困惑，为什么教古诗的时候孩子总是不专心，那是因为孩子听不懂古诗中的文字，换一首跟他的生活或兴趣相关的，有过体验感受的，他可能就会很乐意地跟你学了。

给孩子提出的目标和要求应具体、明确，能激发孩子完成任务的愿望和积极性，以发展孩子稳定的注意。让孩子“找出两个相同的三角形”，就比“看看有没有相同的图形”更有助于孩子保持较长时间的注意。

还应合理、规律地安排时间，孩子的活动应是动静结合的。可以把学习的内容分段来学，每一段 5 ～ 10 分钟，两段中间休息一下，或者轻松地玩一玩再学，这样既符合孩子注意时间较短的特点，又可以防止孩子大脑疲劳，提高注意力。

提高孩子注意力的 4 个方法

我们可以利用无意注意来引导孩子的注意指向于具有教育目的的事物，同时通过游戏等活动来培养孩子的有意注意。

1. 用眼睛和孩子“说话”

蹲下来，看着孩子的眼睛跟他对话，这样能提高孩子对你所说的话的注意力。从孩子出生那天起，和孩子说话的时候一定要和他对视。

2. 严格控制看电视和玩电子产品的时间

如果 3 岁前的孩子每天多看 1 小时电视，到 7 岁时出现注意力问题的可能性就会增加将近 10%；当孩子习惯于玩电子产品，也就习惯于碎片化的注意力集中模式，难以集中精力进行较长时间的学习或活动。

3. 通过动手提高注意力

孩子是通过手来学习的，在动手操作时，他们的注意力最为集中。所以，可以多给孩子提供动手的机会，来帮助他们集中注意力。

4. 用思考延长有意注意

观察、提问、思考、回答，会使孩子对有关知识产生浓厚的兴趣。设置问题情境，引导孩子积极思索解决问题的途径，能激发孩子较长时间的有意注意。

◇ 记忆力：让孩子聪明地学习

上小学的时候，有一次古诗背诵比赛，在我一口气背完 70 多首之后，老师叫停，说：“你已经是第一名了。”同学们都羡慕我的记忆力，当年小小的我也是颇为自豪。现在回味起来，感觉它是练出来的——因为从 3 岁起爸爸就让我背古诗，而我在不知不觉中其实感知到了古诗的规律，背诵起来就很容易了。

在我们的学习生涯中，背诵所占的比重之大想必人人都心知肚明。所以，我们总忍不住对“死记硬背”表现出极大的反感。但同时，在我们面对一个小小年纪就记住多少首古诗、认识多少字的孩子时，却又往往给其冠以“聪明”，甚至“神童”的美誉。

不可否认，记忆力是一种很重要的学习能力。我们通常以为“记忆”就是记性好，其实它包括了“记”和“忆”两个过程，比如，让孩子反复诵读一首唐诗，就是为了让他“记”住，而几天以后，让他在人前背诵，就是“忆”的过程。

一个人记忆能力的水平，反映在 4 个方面：

1. 记忆的速度快慢；

2. 记忆保持的时间长短；

3. 记忆内容在重现时正确与否；

4. 在记忆内容中提取所需要信息的速度。

其中，记忆内容的正确性是记忆力好坏最重要的标志，迅速从记忆中提取信息的能力是个人才智的展现。

记忆发展进程

研究表明，孩子从一出生就具有了形成记忆的能力，他通过各种感官跟周围的事物相互作用产生记忆，例如，通过嗅觉记住妈妈的气味，通过手感记住自己的小玩具，通过听觉记住曾经听过的音乐，等等。随着孩子渐渐长大，有时你随口说出的一个词语，不知在什么时候就被孩子记住了，第二天他突然说出来会吓你一跳。

3 岁前的记忆发展

虽然我们几乎很难记起 3 岁前的事，但并不等于没有记忆，只不过它的发展有自己的特点——

● 特色 1：以无意、机械、形象记忆为主

孩子对事物的认识和记忆，往往是在无意识中进行的。因此，这时候的记忆带有很大的随意性，没有明确的目的和意图，甚至是你让他记什么，他就记什么。

因为大脑还未发育完全，理解能力较差，当孩子对记忆的事物不了解时，就只会死记硬背，进行机械记忆。这就是为什么他可能会很多歌曲和儿歌，但是对歌词和儿歌的意思并不理解的原因。

孩子在学会说话之前，记忆就像在照相，所记忆的内容大多是事物的形象。因此，直观、形象、有趣味的事物往往能够吸引他的兴趣和注意力，让他自然而然就记住了。

● 特色 2：容易受情绪影响

3 岁前孩子的记忆富有情绪色彩，特别容易记住那些令他愉快或悲伤的情景或事物。在听故事、儿歌时，孩子往往特别容易记住其中最有感情的那些句子。还有一些形象生动的词语，都能引起孩子情绪上的反应。

● 特色 3：记得快，忘得快

记忆的内容在头脑中保留时间较短，一般不会超过一年。据研究表明：孩子见过的事物重新出现在眼前时，1 岁以内只能认得几天以前的事物，2 岁左右只能认得几个星期以前的事物，3 岁左右可以认得几个月以前的事物。见过的事物不在眼前时，1 岁以内不能回忆起来，2 岁左右可以回忆几天以前的事，3 岁左右可以回忆几个星期以

前的事。

3 岁后的记忆发展

到了幼儿期，孩子的记忆一方面是无意记忆、机械记忆、形象记忆继续发展，而且达到相当高的水平；另一方面是有意记忆、意义记忆和语词记忆逐渐发展，并且开始出现记忆的方法，孩子的记忆有了质的飞跃——

- 特色 1：开始主动的有意记忆

4 岁后，孩子开始能够有意识去记住一些东西。在开始阶段，有意记忆还是比较被动的，需要成人为他们提出记忆任务。随着年龄的增长，他们逐渐能够自己提出记忆目标，主动地去记忆。这也是孩子开始任何一种有意学习的基础，更是他们进入小学所需要掌握的能力。

- 特色 2：记忆策略开始形成

记忆策略包括对记忆的计划和使用记忆的方法。当需要记忆时，每一个人都会采用某种方法，帮助自己记得更牢。过了 5 岁，很多孩子开始能够自己使用复述的记忆策略。比如，在跟着老师一起读儿歌时，孩子跟着念了一句后，会自己再小声地重复一遍，加强记忆。

- 特色 3：使用高级记忆策略

7 岁左右，有一些孩子会学会一种更高级、更有效的策略——组织。如果给他们一张图画，要求他们记住上面的东西，有的孩子会把同类的东西放在一起记，比如先记住“花—草—树”，再去记“猴子—老虎—山羊”；而另外一些孩子可能会以另一种形式进行组织，比如分别记住“猴子在树上”和“山羊在吃草”，等等。可以看出，无论以哪种形式去组织，孩子通过使用这种策略极大地减少了所需要记忆的单元，从而可以有效地提高自己的记忆成果。

练就强大记忆力

孩子学习知识、认识外部世界都是通过活动来不断地增加、改造自己的经验的，而经验的积累要依靠记忆。而且，孩子处于心理形成和初步发展阶段，在这个过程中，记忆起着重要的作用。根据孩子的兴趣爱好和发展水平，有意识地进行一些强化练习，可以提高孩子的记忆力——

1. 重复印象

这是一种简便易行、行之有效的记忆方法。孩子很多时候愿意重复，比如，反复听同一个故事，多次到一个游乐场所游戏。在活动过程中加以必要的引导，如让他讲故事，让他指路，说出游乐器械的特点等，可以强化记忆。

2. 明确目的

指出让孩子记忆事物之后的结果，可以提高孩子记忆联系的积极性。比如，告诉他仔细观察一所房子，记住它的样子，回家就能把它画出来；或者练习讲一个小故事，到幼儿园就能讲给其他小朋友听；等等。

3. 多感官参与

比如背唐诗，让孩子边听边说边看着图，还可以用手指一指。可以使孩子的头脑中留下的印象更全面、更清晰，有助于记忆内容准确、保持时间延长。

4. 归类记忆

当记忆材料较多时，引导孩子把材料进行分类和概括，帮助他在理解记忆内容的过程中进行逻辑记忆，可以使记忆深刻、思维有条理、巩固学到的知识并使之初步系统化。比如，给孩子几张物体的图片，让他看几分钟，拿走图片，说出看到的图片内容，孩子一般能说得较准确，即记忆清楚；而如果图片较多，孩子会逐渐发现图片内容间的关系，对它们进行比较、分类，进行概括之后再进行识记，如把图片内容划分为“衣服”“家具”“交通工具”等，再记忆不同类别中的具体事物。

5. 游戏活动

可以自编很多亲子游戏活动，在轻松快乐的亲子活动中锻炼孩子的记忆力。比如用实物或图片让孩子看一看、想一想“什么东西没有了”“哪一种变多了”，和孩子轮流讲一个故事的不同段落，比赛背诗歌“接龙”，等等。这些活动不拘时间、场地，随时可以进行。

6. 应用巩固

获得任何知识技能后，如果没有练习的机会，都会被逐渐忘掉。让孩子记忆知识、经验，一定要给他机会，鼓励他应用到生活中，以求“熟能生巧”。结果会加深有关知识经验的印象和理解，提高记忆的准确度，延长记忆时间，需要时能迅速轻松地提取，提高记忆效果。

7. 联想巩固

引导孩子把已知的知识经验与眼下学习的新知识联系起来，有利于巩固旧知识，并把新知识有序纳入记忆的网络，易于巩固。

对记忆力训练的误解

误解 1：博闻强记就是死记硬背

对以形象思维为主的孩子而言，获得知识经验的主要途径是生活、游戏；在摆弄、操作大量的物体和材料中，在与人的交往中，孩子以直接感知的方式而“博闻”，在反复练习中而“强记”。所以，要孩子博闻强记，首先要给他充分的自由活动的时间和机会，避免死记硬背一些他不能理解的书本知识。

误解 2：反复的、长时间的练习就能提高记忆

孩子虽然在反复诵念，如果注意力不集中，可能不会有任何效果。而识记时的兴趣是注意力能否集中的关键因素。要善于激发孩子的识记兴趣，识记内容应为孩子感兴趣、能理解的知识经验；识记方法以游戏为主，丰富多样，避免单一的死记硬背；识记过程中多一些鼓励和支持。

◇ 兴趣班：勿忘学“艺”的初心

去国外旅游，商场里摆着一架钢琴，儿子和同行的小朋友很自然地弹奏起来，令老外颇为惊艳。

我不禁暗笑，现在的中国孩子，谁没几手“绝活”。回想那个经济和资源匮乏的年代，我们这一代父母中有多少人的天赋，因为没有机会或实力培养而被埋没。但是，如今事情好像又走到了另一个极端：我们的孩子是不是被过度“开发”？想不想学的，该不该学的，都要上个“班”来解决。

父母要想明白的是，让孩子上这些“班”的目的何在。

情趣决定生活品质

有的人听古典音乐会动容，有的人能把世界名画讲出门道，可更多的人却没有这些能力，即使进了金色大厅，去过卢浮宫，也就是作为一名游客，参观过而已。

美育，是个说起来“高大上”，实则在许多父母心中并不占很大比重的事。随着孩子的学业负担逐步加重，乐器、美术等这些“无用”的课外学习，就在权衡之下很容易被放弃。能够坚持下来的，除了希望在专业方面有所建树，那就只可能是父母对美育有更深层次的理解。

美育可不只是让孩子学些艺术特长，那只是纯技艺的培养，真正的美育是要让孩子成长为能够鉴赏美、创造美的人。著名教育家蔡元培说：“美育者，应用美学理论于教育，以陶养感情为目的者也。”

在“美”中长大的孩子，会有较高的生活情趣，也会有更多的幸福感。

学钢琴的孩子很多，可他们真的喜欢弹琴，真的爱好音乐吗？即使考过十级，他们当中又有几个会成为钢琴家？如果不从事这个专业，从小那么辛苦学钢琴究竟又是为了什么呢？

我说，是为了孩子有一个丰富而多彩的人生。

前提是，别把目标定得太高，过程弄得太苦。只要想到，20 年后的某一天，他参加一个朋友的生日聚会，能够坐在钢琴旁弹奏一曲生日快乐歌；办公室墙上的那幅画，他能从色彩、构图上品出好坏；万一遇到危险，他还会几招跆拳道……

有这些就足够了。我们不能为孩子制订一条未来之路，但我们能够在他的路上添一朵花、一棵树，让他的路多姿多彩。会玩的人会生活，而对于我们每个人来说，生活才是最重要的事。

勿忘初心

一位妈妈一直顽强地顶着来自周围孩子几乎都在学一门“才艺”的压力，坚持着自己的观念——让孩子自由快乐，没有压力地成长。但是，环境的力量是不可忽视的。女儿对她说：“小朋友们都在学这学那，就我，什么都不会。”她只好妥协了，如果女儿因此而自卑，还有什么快乐可言？

于是女儿开始学古筝。做妈妈的很有原则：“我绝不会逼着她练琴，只要会弹就行，玩玩而已。”果然，她请的老师只是音乐学院的学生，自己也从不跟着一起上课，只是给女儿规定，每星期上一次课，每天练半小时琴。

可半年后再去她家，一个下午已经听到她几次抱怨女儿不好好练琴。我问：“你不是说不逼她吗？”“我没逼呀！可这孩子也太不自觉了！老师说，她还是有点儿天赋的，只要再努力努力，应该比教的其他孩子要好。”

人，有很多变化是不由自主的。而这也曾是我最大的恐惧。

儿子 5 岁开始学钢琴，我们从一开始就没计划让他考级。有时候学烦了，他也会问我：为什么要学琴？我就给他讲，我是上大学才学的钢琴，每当遇到不顺心的事，就会跑到琴房练琴，心情也会随之平复。我希望当他长大之后，弹琴至少也能成为一种解压方式。

每每因为练琴想跟他发火时，听说别人家的孩子又考过几级时，我都会努力扪心自问：当初为什么让他学琴？

意志品质磨炼课

孩子的兴趣随成长而变，因为他的见识在增长，经验在丰富，可能发现了新的兴奋点，也可能不再适合学某项“才艺”。但是，不可否认，有些时候孩子会出现畏难情绪，不愿面对困难。我感觉，对于现在的孩子来说，与其说是学习“才艺”，不如说是为了磨炼他们意志，培养吃苦、坚持到底精神的机会。

儿子上的第一个“班”是击剑。在北京奥运会期间，他热热闹闹跟着看了很多比赛，对击剑情有独钟，我们就给他报了班。第一次课就哭了，不肯练。因为前面几节课是不用剑的，而他全部的兴奋点都在剑上，现实与想象之间的反差，让一个 4 岁的孩子很失望。我动用了全部的耐心和“嘴皮子”，才让他接受现实，憧憬着几节课后就可以梦想成真。

从此开始每周的训练。其实击剑是很枯燥的——恐怕所有的体育项目训练起来都不是想象中那般充满乐趣。我这才深深体会到许多父母所谓的“累”，你需要不断地激励孩子，保持他的兴趣，应对他随时可能出现的情绪以及各种意想不到的突发状况，才有可能把一种训练坚持下来。虽然后来因为自身条件的限制，我们感觉击剑不太适合他而改练其他项目，但 4 年的坚持还是让他的体能得到很好的锻炼，动作灵活，反应迅速。

无论之后再学什么，都让我认识到，我们既然不是抱着让孩子走专业路线的初衷，那怎样才不算“白学”呢？我的原则是，可以不争第一，但必须认真，尽力而为。至少在学习的过程中，让他懂得耕耘就有收获，努力就有回报，坚持到底就是胜利……

孩子上学之后，随着课业负担加重，才艺班会逐渐被各种补习班替代，这就又需要父母来平衡。无论怎样，我都希望孩子是全面发展的，所以，保持一项体育、一项艺术才艺的学习，我们一直在坚持。

◇ 数学启蒙：让孩子爱上数学

数学，是多少人心中的痛！

因此，父母们才那么重视孩子的数学启蒙，很小就开始教孩子数数、计算……这是数学启蒙的正确打开方式吗？

在一个蒙台梭利教室，有位爸爸对着教具惊叹："蒙台梭利就是个数学天才！"身为大学数学老师的他，看出来自己手中的教具就是把 a^3+b^3 完全具象为孩子动手操作的玩具了。然后我们一起感慨，如果从小有这样的条件进行数学启蒙，日后学数学是不是就会少一些艰难和恐惧。

数学的确不只是一个简单的算算数的问题，它包括数学的思维、分析、推理、判断、建立概念等。在学习具体的数学运算之前，有一个很重要的基础，就是建立数的概念，形成数学思维。

不可能家家都有蒙氏教具，但在3岁前就要进行数学启蒙，让孩子为数学学习做好经验的准备，在成人的指导下，通过自身的活动，对生活中的数量关系及空间关系以感知、观察、操作发现的方法主动探索，发展数学思维能力。

数学启蒙的3个任务

任务一：建立数概念

数概念，包括理解：

- 数的实际意义，如，3是指三个物体。
- 数的顺序，如，2在3之前，3在2之后，2比3小，3比2大。
- 数的组成，如，3是1+1+1、1+2、2+1组成的。

孩子形成数概念，依次经历四个阶段：口头数数—给物说数—按数取物—掌握数概念。

- 口头数数

孩子过了1岁，很多妈妈就开始教他数1、2、3……这种简单的模仿与记忆，是孩子理解数字的基础。这时候的计数几乎完全是依靠简单记忆，听到数列重复的次数越多，孩子数数就会越熟练。三四岁的孩子一般能从1数到10，但多数都像背儿歌似的背诵这些数字，并没有形成每一个数字与实物间一对一的联系，孩子尚不理解数的实际意义。

● 给物说数

在口头数数的基础上，将数字与客观事物的数量联系起来，建立数与物之间一对一的联系，做到口手一致地点数。当孩子边点数实物边正确说出数字时，他的手、眼、口、脑需要协同一致活动。三四岁时，绝大多数孩子可以在数与物体之间建立起一一对应的关系，但是这个数字不能太大，要在孩子的计数范围之内。到了四五岁时，很多孩子掌握了这一规则，他们知道，点一个物体，按照数列顺序向后数一个数，然后用最后一个数字代表物体的总数。

● 按数取物

即按一定的数目拿出同样多的物体。这是对数概念的实际运用。它首先要求孩子能记住所要求取物的数目，然后按数目取出相应的物体。三四岁的孩子一般只能按数取出三四个实物。通常能说出总数和按数取物都没有点数实物的数目多。

● 掌握数概念

在数数过程中，孩子掌握了个位数的数列规则，慢慢体会，归纳推理，逐渐运用这种规则来进行信息加工和计数，如发现了数字的排序规则，而自然会数 11、12、13……19。

最初的加法与减法也起源于数数。比如，孩子有时候在数数时不再从 1 数起。如果给他们两堆糖果，告诉他们其中一堆有 3 个，问他们加上另一堆一共多少，他们就能从 3 开始数起，一直到把另一堆数完。一段时间以后，他们还能举一反三，通过倒着数数看拿走几个之后还剩几个。这就是萌芽状态的加法与减法。当孩子可以这样数数后，他们很快就可以在没有实物时寻找可以数的实物，如手指等。接着，他们就开始能够在不借助实物的情况下通过背诵数列而计算数字了。

任务二：认识与体验数、量、形、空

我们这个世界就是由数、量、形、空构成的。走进一套房子，里面有几间房，这是数的概念；哪个房间大，哪个房间小，是容量的概念；房间是正方形还是长方形，是形的概念；房间朝向则是空间的概念。这四个概念也是数学的一部分，学前儿童应该有一定的认识——

数——唱数、点数，认读数字，理解数、量的概念，数与量的对应、集合等。

量——理解等于、多少、长短、高低、粗细、厚薄等量的概念，初步形成比较、分类、排序等概念。

形——认识基本的图形及其特征。

空——了解左右、上下、前后，今天、明天、昨天等基本时空概念。

在我们的生活环境中，随时随地都可以让孩子认识和体验到数、量、形、空的概念。比如日常生活用品通常都是以 1、2、3、4……加以计数的；物品都是有形的，并总有大小、长短、轻重之分；出门有远近之说，做事有快慢之差……

● 认识数与量的传递关系

孩子在玩套桶这类玩具时会发现，第一个桶比第二个大，第二个比第三个大，那第一个肯定比第三个大。这就是数学上很重要的数量传递关系。但是，我们肯定不会去给孩子讲，也讲不出来“传递关系”，只要让孩子通过游戏和操作去体验、注意到这种现象，并尝试推理与判断这种数量关系就可以了。

● 建立图形守恒的概念

很多孩子看到等边三角形，能认出这是三角形，但看到钝角三角形，可能就认不出来了。这就需要让孩子接触各种各样的三角形，他才能慢慢抽象出三角形的概念，建立图形守恒。

● 认识时间、空间的相对性

站成一个竖行的 3 个人，第二个人在第三个人的前面，但相对于第一个人，第二个人又在他的后面。大一些的孩子就会发现这很有意思，而小一点儿的孩子往往只能以自己为中心，来分辨方位。随着思维的发展和经验的积累，孩子才会理解这种相对性。

任务三：建立数学思维

在数学启蒙中，孩子掌握某些具体的数学知识只是一种表面的现象，发展的实质在于思维结构是否发生了改变。比如，我们把几根积木棒给孩子，让他进行长短排序。如果我们把排序的“正确”方法教给孩子：每次找出最长的一根，排在最前面，然后再从剩下的木棍中找出最长的……孩子按照这个方法，很快就能正确地完成任务。但实际上，他并没有获得序列的逻辑观念，思维结构也没有得到发展。

孩子真正需要的并不是教给他们排序的技能，而是充分的操作和尝试，并从中得到领悟的机会。只有这样，他们才能从中获得一种逻辑经验，并逐渐建立起一种序列的逻辑观念。而一旦具备了必要的逻辑观念，孩子掌握相应的数学知识就不再是什么困难的事情了。

● 学习数学，有助于孩子一般的思维结构的发展

这是因为数学知识具有高度的逻辑性和抽象性，学习数学可以锻炼孩子思维的逻辑性和抽象性。孩子建构数学概念的过程和其思维结构的建构过程之间具有相当的一致性。

● 数学要培养的是孩子解决问题、发现问题的能力

有这样一个实验，问孩子："8 可以分成几和几？"

孩子口头都会分，但是当研究者给孩子 8 块糖，让孩子分给在场的人，孩子就不那么容易去分了。

学习数学不能只是简单地去背、去算。

从思维的角度来说，数学更侧重培养孩子积极的思维热情。能从不同角度探索解决问题，体验到数学思维的乐趣，这才是孩子所需要得到的最重要的能力品质，也是数学思维能力对孩子终身发展受益的关键所在。

数学启蒙的 3 个方法

方法一：从生活中学习

数学是抽象的，如果不借助于具体的事物，孩子很难理解。现实生活为儿童提供了通向抽象数学知识的桥梁，父母完全可以利用生活中的各种资源，让孩子感受数学，了解数学。

0～3 岁的孩子每天都有变化，都在成长，动作的发展尤其突出，这其中就包含着数学概念。刚出生的孩子只能躺着，视野有限；能坐起来了，视野便扩大了不少；会爬、会走之后，更是前后左右、上上下下地开拓“领地”。孩子就是在这样的运动中，感知空间方位的。

如果妈妈领着孩子学走路时顺嘴说说：“咱们往前走，咱们往后走。上楼梯了，1、2、3……”孩子是不是就会更明确地感知到前后、上下等空间方位，还能跟着学数数呢？这一点儿都不难，在运动中孩子就获得了大量的关于数学的经验。

教孩子学说话的时候，更容易把数学融入其中，经典儿歌中很多都包含了数字，比如数字歌、量词歌、数数歌等。最简单的“一二三四五，上山打老虎”，就可以一边说，一边掰着孩子的小手指头一根一根数，孩子再大些，自然知道每只手有五根手指头。

在日常生活中，随时随地都可以进行数学启蒙。吃饭时，边摆餐具边说：“每人一双筷子，一个碗。”孩子会获得量词的概念。晾衣服时说：“爸爸的衣服大，宝宝的衣服小。”孩子有了大小的初步概念。

家中的电话号码、门牌号、日历等都是数字的展现，孩子看在眼里，也会默默地吸收。跟孩子说出数的次数越多，孩子对数的印象就越深刻，渐渐就会记住，并从内心感受到它的真正含义。

方法二：通过动手操作来学习

著名儿童心理学家皮亚杰曾经说过："在数学教育里，我们必须强调行动的角色，特别是幼儿，操作实物对了解数学是不可缺少的。"孩子只有通过动手操作才能建构数学的概念。孩子去触摸、感觉、探索，有了亲身尝试后，就能将抽象符号概念化，成为有意义的学习。比如，1+2=3 中，1、2、3 等数字对孩子而言没有任何意义，但如果分别拿出 1 块巧克力和 2 块巧克力，让他摸到，并将它们数一数，看到这些巧克力如何变成了 3 块，他就能清楚并真正了解 1+2=3 的意义了。孩子数数也不能单凭口头数，必须要有相对应的物体排列、口念数词和手点物体三方面同时进行。

我们仔细观察会发现，孩子在动手摆弄玩具、物品的时候，无非在做分类、集合、对应、比较等事情，这里面蕴含的是逻辑结构，同时还具备寻求中心点、直觉性的对比，或延续、包围等几何学结构。这些都属于数学性结构的活动。

妈妈把各种小汽车装在一个大箱子里，而孩子却又一声不响地把这些小汽车再分门别类，各成一排摆在地上，有时是按车的大小排，有时是按车的种类排，这是孩子在主动地用自己的眼睛、手进行分类和排列。

如果妈妈能够加以引导的话，比如，让孩子把不同的车子再分别放入五个小箱子里，那就是在进行集合和对应的工作了。孩子对事物的分类、集合和按顺序排列的工作乐此不疲。如果看到孩子用手摸各种东西，把“垃圾”捡回家分放在不同的地方，最好不要制止他，而应该加以引导，因为他也许正在“自学”数学呢。

方法三：按照年龄发展特点学习

有的父母在对待孩子学数学的问题上，既没有考虑到孩子所学的内容是否适合他的年龄阶段，也没有了解到数学学习的重要内容是什么。

孩子思维的发展和趋势是从直觉行动思维向具体形象思维发展，抽象逻辑思维尚处于萌芽状态。孩子学习数学，主要通过四个阶段，即实物操作—语言表达—图像把握—符号把握，从而建立数学的知识结构。

1 岁前的孩子看似还不可能接触到数学，但喂奶时告诉孩子：“这是一个瓶奶，要一口一口地喝。”洗手时，数着孩子的小手指：“1、2、3、4、5，这只小手有五根手指。”这就是最初的数学经验。

1 岁以后，可以通过学说跟数字有关的儿歌，玩串珠、套桶、积木等玩具来感知数。父母也可以教孩子数数，但不能操之过急，孩子能跟着说就可以。

2 岁后以培养孩子对数学的兴趣为主，同时通过儿歌、数数等，进一步加深对数的认识，并通过动手操作的游戏建立比较、分类、排序等基本心理运算结构。

3 岁半左右的孩子才会对数量比较敏感；孩子在 4 岁左右对数学概念，如数、数字、数量关系、排列顺序、形体特征等突然产生极大的兴趣。因此，3 岁之后是对孩子进行数学教育的大好时机。如果 3 岁前的数学启蒙进行得比较好，也会给孩子的数学学习打下一个坚实的基础。

后 记

让孩子成为他自己

我从不认为孩子是“一张白纸”，这个论调过分强化了后天的影响。我更愿把孩子比作一棵小树苗，有他天生的特质，我们所有的养育、教育，都是为了让他长大成才，而非“画”成我们想要的样子。对于父母来说，最大的成功，就是让孩子成为他自己。

尊重成长

从初生的蒙昧，到能说会走，孩子的生长自有一套规律。做父母的，只需遵循孩子的成长规律便可。翻身、认人、说话……很多事不用教，孩子在摸索中自然就能学会，挡都挡不住。我们几乎每天都会因孩子一个小小的进步而惊喜，但如果有一天你发现，同龄的孩子都能自己走了，你的宝宝还不肯放开你的手，你还能淡定吗？

书上写的、专家讲的成长规律，代表的是一种普遍性，可每个孩子都是独一无二的个体，不可能千人一面，都有其自身的发展规律。体重较轻、好动的孩子，可能动作发展就会快一些；很少出门，总在家里“圈养”的孩子，认知能力可能就要差一些。不同的体质、遗传以及养育方式，都会影响到孩子的生长发育进程，而且宝宝的生长发育指标也是有科学范围的，只要在正常范围内，确定没有疾病等因素的干扰，每个孩子都会按照自身的成长规律长大成人。

3 岁能认几千字，“神童班”里学大学课程……有些父母总是很容易就被这些“神话”吸引，把自己的孩子当成试验品。结果会怎么样？韩国前几年兴起周岁宝宝学英语等热潮，竟然让不少婴儿出现了情绪不安、注意力障碍、认知发育不均衡等症状。专家表示，这些婴儿患病的主要原因，是受到家长的强迫性早期教育的压力。人类是自然的一分子，孩子的成长也是一种自然规律，没有什么事物会因为违背自然规律而结出好的果实。

每个孩子都独一无二

每个孩子都是独特的，因为他们的气质不同。气质是由遗传、天赋等生物因素决定的，它是一种先天的素质，也是行为的表现方式。气质没有好与坏的区别，不同领域各种气质的人都可能做出成就，父母需要做的就是——

- 了解孩子的气质，细心观察孩子的日常表现，比如，饥饿、疲倦、洗澡、穿衣和感到不舒服时的反应，对声音、陌生人和事物的反应，做事的规律性和坚持性，以及每天的活动量、情绪，等等。这些都是了解孩子气质特性的途径。

- 接受孩子的特性。气质无好坏之分，父母要多看孩子好的一面。比如，那些看起来胆小害羞的孩子到了一个新环境，一定要先做旁观者，这也是一种自我保护；而胆大勇敢的孩子在面对陌生人和陌生环境时，是毫不畏惧的，这对父母来说，有时就会很担心。能够看到孩子气质特性中好的一面，才会接受让我们不太满意的那部分，然后再想办法帮助孩子扬长避短。

养育孩子，需要父母拥有极强的耐心和敏锐的洞察力。

我的儿子从小聪明而敏感。上绘画班时，和儿子同班的小朋友把颜料弄得满身满脸却乐此不疲，可他只要手上沾了一点点颜料就会很不舒服，会主动要求去洗手。看到儿子这样，我正要冲口而出："这有什么呀！"可又控制住了自己，我必须尊重这个小小完美主义者的情绪，然后再温和表达我的看法。我试着和他沟通："我觉得有一点点脏没关系，你接着画，还会有颜料沾到手上，等你画完了我们一起去洗，好吗？"接着转移他的注意力："这是难免的，让我看看你画得怎么样？"可是，当我看到所有的孩子一画完就跑了，只有他把每个小朋友的凳子都放到桌子底下才去洗手时，我又被感动了。任何一种性格都自有他的魅力。

儿子就是这样的孩子，我只能接受，不能勉强他去做他不愿意或做不到的事。永远相信你的孩子是独一无二的，接受他个性中的一切，没必要尝试改变什么，但你一定要清楚怎样扬长避短。

气质作为一种心理特征，受先天遗传因素影响，具有稳定性强、不易发生改变的特点。但孩子正处于生长发育中，发展倾向和结果，取决于后天的教育培养、环境影响和自我锻炼。因此，不要给孩子贴上“爱哭”“胆子太大”这样的标签，更不能非要把孩子按照自己的理想状态培养，而应该抓住气质中稳定性和可塑性的双重特点，因势利导，通过各种教育方法来发展气质类型中的优势部分，降低弱势部分，便能更好地发挥孩子的潜能。

不做“逆天”妈妈

我有个朋友，说她女儿把大米撒了一地，我关心的不是怎么收拾残局，而是她怎么去引导女儿理解“一盘散沙”的概念。而说到我儿子的某些“破坏”行为，她也绝不会问出：“这在你们家是被允许的？”

我们这样的妈妈经常会被认为“惯”孩子——很多事都顺着孩子，按照孩子的意愿来。我对这种看法的反驳意见之一是：难道都按照大人的意愿就对了？

大人总是想当然地以为，自己都是对的。而孩子，天生就是会犯错的，他们在一个接一个的错误中，借由大人的纠正和引领而成长。所以，当他黏妈妈的时候要断然离开，告诉他抱着妈妈哭不是好孩子；当他不愿意把玩具给小朋友玩的时候，要让他知道分享是一种美德；当他跟小朋友胡扯他有一屋子玩具的时候，警告他说谎是很恶劣的行为……

有问题吗？应该没有，这些都合乎社会行为规范和道德准则，但教育怎么就是这么难的一件事呢？孩子要么听不进去，要么屡教不改，脾气还越来越大，学会顶撞父母。

其实原因很简单，大人常常忽略了“孩子就是孩子”。用大人的标准来要求孩子，他们做不到。但是，他们会按照自身成长的规律不断完善自己，走向成熟。做父母的，只要找到这条规律，顺其自然，就好比种下一棵小树苗，大自然有阳光雨露供它成长，我们在必要的时候略为修剪，别忘了浇水施肥，它便会茁壮成长。

聪明的妈妈会顺应孩子成长的天性，不去做“逆天”的事。

朋友不在乎一地的大米很难收拾，因为她知道，孩子在成长的最初阶段能够自由地探索，对于他的未来有多么重要。他将学会主动学习，学会思考和解决问题，而这一切代价可能就是妈妈需要每天多洗几件衣服，多做点儿家务。

谁不想做个轻松快乐的妈妈？我们看书学习、在网上跟专家和家长交流，但这些知识更需要内化吸收，才能全部汇总为一个词——尊重。必须有这一前提，才会明白，顺应天性，让孩子自然成长就是最轻松的教养方式。

我坚持这样的理念。